Auswandern nach Australien

Die 10 häufigsten Fehler und wie du sie vermeidest.

Impressum

Umschlaggestaltung, Fotos & Illustration: Christina Zierold
ISBN: 9781099537301

Inhalte wurden zuletzt aktualisiert:
Februar 2021

Herausgeberin:
Christina Zierold, Münchner Str. 68, 82008 München
info@rausnachaus.com
https://www.rausnachaus.com

Bibliografische Information der Deutschen Nationalbibliothek:

Die Deutsche Nationalbibliothek verzeichnet diese Publikation in der Deutschen Nationalbibliografie; detaillierte bibliografische Daten sind im Internet über http://dnb.dnb.de abrufbar.

Über die Autorin

Chrissy arbeitet als *User Experience Designer* und lebte von 2011 bis 2015 in Melbourne. Dort gründete sie die Webseite rausnachaus.com um es anderen Leuten zu ermöglichen, sich über das Auswandern nach Australien, sowie das tägliche Leben und Arbeiten in Down Under zu informieren. Momentan lebt sie zusammen mit ihrer Hündin in ihrer Heimatstadt München.

Über Raus nach Aus(tralien)

Raus nach Aus
Dein Guide fürs Auswandern nach Australien

Auf der Webseite www.rausnachaus.com, findet ihr Tipps und Tricks zum Auswandern nach Australien, sowie Infos über Visas, Erfahrungsberichte, generelles zum Leben in Down Under und wie man die Jobsuche dort am besten angeht.
Dort findet ihr auch mehr Infos zu mir und darüber, wie und warum ich 4 Jahre lang in Australien gelebt und gearbeitet habe.

Inhaltsverzeichnis

Einleitung

Hallo meine Lieben,

schön, dass ihr euch dazu entschieden habt dieses Buch zu kaufen. Dafür möchte ich mich erst einmal ganz herzlich bei euch bedanken.

Mit der Liebe zu Australien haben wir auf jeden Fall etwas gemeinsam. So wie es bei euch momentan der Fall ist, so gab es auch bei mir im Leben den Punkt, an dem ich meine ganze Energie darauf verwendet habe, eine Anstellung in Down Under zu finden.

Zu diesem Zeitpunkt (2013) war ich bereits in Australien, befand mich aber noch auf einem Travel & Work Visum. Ich hatte also kein permanentes Arbeitsvisum. Wenn ich dort von meiner Suche nach einer Festanstellung erzählt habe, bekam ich oftmals zu hören, dass „dies bestimmt nicht leicht" werden würde und auch, dass „die Chancen dafür nicht besonders gut" stünden. Ich habe mich von solchen Sätzen nicht abhalten lassen. Der Erfolg wird schließlich durch die eigenen Taten und nicht durch die Worte von anderen Leuten bestimmt. Bei mir war es dann tatsächlich so, dass ich mit einer Mischung aus Eigenmotivation, Tatendrang und sicher auch einer ordentlichen Portion Glück eine Festanstellung in Melbourne angeboten bekam. Bei dieser Firma habe ich dann 2 Jahre lang gearbeitet.

Wie ist die Idee zu diesem Buch entstanden?

Nachdem ich mir damals selber ziemlich schwer getan habe, gute Infos übers Auswandern nach Australien zu finden, habe ich mich 2014 in Melbourne entschieden, die Webseite www.rausnachaus.com zu gründen. Mein Ziel damit war und ist es, anderen Leuten mein Wissen weiterzugeben und ihnen dabei zu helfen, ihren Traum vom Leben in Down Under zu verwirklichen.

Um Inhalte für die Webseite zu bekommen, habe ich damals angefangen mit vielen Leuten aus Deutschland, Österreich und der Schweiz zu sprechen, die es bereits erfolgreich geschafft hatten, in Australien Fuß zu fassen und nun dort leben und arbeiten. Auf der anderen Seite hatte und habe ich ebenfalls viel Kontakt mit Leuten, die sozusagen noch in der Planungsphase sind. Diese Leute haben zwar das generelle Ziel, ihren Lebensmittelpunkt nach Down Under zu verlegen, befinden sich aber meist noch in Deutschland bzw. Europa. Meistens wollen sie aus den unterschiedlichsten Gründen und Motivationen in Australien leben. Es gibt darunter Solche, die dauerhaft auswandern wollen und Andere, die vielleicht nur für ein paar Jahre in Australien leben wollen. Und dann gibt es da noch die dritte Gruppe an Leuten, die schon einmal eine Zeit lang in Australien gelebt hat, am Ende aber doch nach Deutschland zurückgegangen ist.

Da ich nun über die letzten Jahre hinweg sehr viel mit Leuten aus diesen drei Gruppen zu tun hatte, sind mir über die Zeit vermehrt Gemeinsamkeiten und Verhaltensmuster aufgefallen. Ich wurde neugierig und habe genauer hingesehen.

Warum sind einige Leute erfolgreich in ihrem Vorhaben nach Australien auszuwandern und warum gibt es Andere, die scheinbar schon seit Jahren ihrem Traum hinterherjagen aber es einfach nicht schaffen, ihn Realität werden zu lassen? Was ist bei Jenen schief gelaufen, die es probiert haben, dann aber doch in die Heimat zurückgekehrt sind?

Was haben die Leute, die es geschafft haben, anders gemacht als Andere? Was war ihre Motivation und war diese vielleicht besonders stark?

Wie konsequent sind sie die Sache angegangen? Warum haben gerade sie das Ziel, in Australien zu leben, erreicht?

Welche Taktik haben sie bei der Jobsuche angewendet und gab es vielleicht bestimmte Faktoren, die zum Erfolg geführt haben?

Waren sie bei der Jobsuche bereits vor Ort in Australien oder haben sie versucht sich von ihrem damaligen Wohnort aus zu bewerben?

Auf der anderen Seite:

Warum klappt es bei manchen Leuten einfach nicht? Sind sie vielleicht nicht konsequent genug bei der Jobsuche?

Machen sie dabei irgendetwas falsch? Oder haben sie vielleicht einfach nicht den passenden Job (Australien ist ja ziemlich wählerisch, wen sie mit Arbeitsvisum ins Land lassen)?

Viele, viele Fragen. Daraus ist, ihr erratet es wahrscheinlich schon, die Idee zu diesem Buch entstanden.

Fakten, Berichte und Geschichten, die in dieses Buch mit eingeflossen sind

Meine eigenen Erfahrungen was Visumsbeantragung und Jobsuche in Australien betrifft, hatte ich ja bereits erfolgreich gemacht. Ich wollte aber genauer wissen, wie es anderen Leuten mit dem Thema Auswandern geht. Vor allem wollte ich die gerade aufgezählten Fragen klären. Um dies zu tun habe ich zum einen Interviews mit deutschsprachigen Leuten geführt, die bereits erfolgreich dauerhaft in Australien leben. Zum anderen habe ich mich mit Menschen unterhalten, die entweder gerade darauf hinarbeiten auszuwandern, oder die das generelle Ziel haben dies zu tun. Interessant waren auch die Gespräche mit den Leuten, die bereits in Australien gelebt haben, sich dann aber irgendwann dafür entschieden haben, wieder in ihre Heimat (oder irgendwo anders) hinzuziehen.

In diesen Gesprächen konnte ich wertvolle Infos sammeln. Neue Erkenntnisse konnte ich dabei vor allem in Richtung Motivation, Zielsetzung und Planung sowie Strategien bei der Jobsuche erlangen. Die Ergebnisse der Interviews habe ich dann in diesem Buch auf die - aus meiner Sicht - zehn wichtigsten Punkte zusammengefasst.

Zum Schluß möchte ich noch kurz sagen, dass dieses Buch keine hochwissenschaftliche Arbeit ist. Es ist hauptsächlich aus Erfahrungsberichten von ca. 50 Einzelpersonen, Paaren und Familien entstanden. Das Buch soll euch dabei helfen aus den Fehlern Anderer zu lernen. Ich hoffe es trägt dazu bei, euch den ein oder anderen Stolperstein zu ersparen und gibt euch ein paar neue Ideen und Anregungen.

In einigen Kapiteln geht es um das Thema Visum und Arbeitserlaubnis. Wenn ich über darüber schreibe, so stammen die Informationen dafür aus Gesprächen mit einer sehr kompetenten Einwanderungsanwältin, die selber Deutsche ist und mit ihrer Familie in Brisbane lebt.

Nun aber viel Spaß beim lesen

Ich hoffe sehr, dass euch das Buch dazu verhilft, euren Traum vom Leben und Arbeiten in Australien wahr werden zu lassen. Wenn das so ist freue ich mich über euer Feedback oder eure Erfolgsstory.

Schreibt mir gerne an:
chrissy@rausnachaus.com

Bis dahin sende ich euch liebe Grüße aus München,
Eure Chrissy

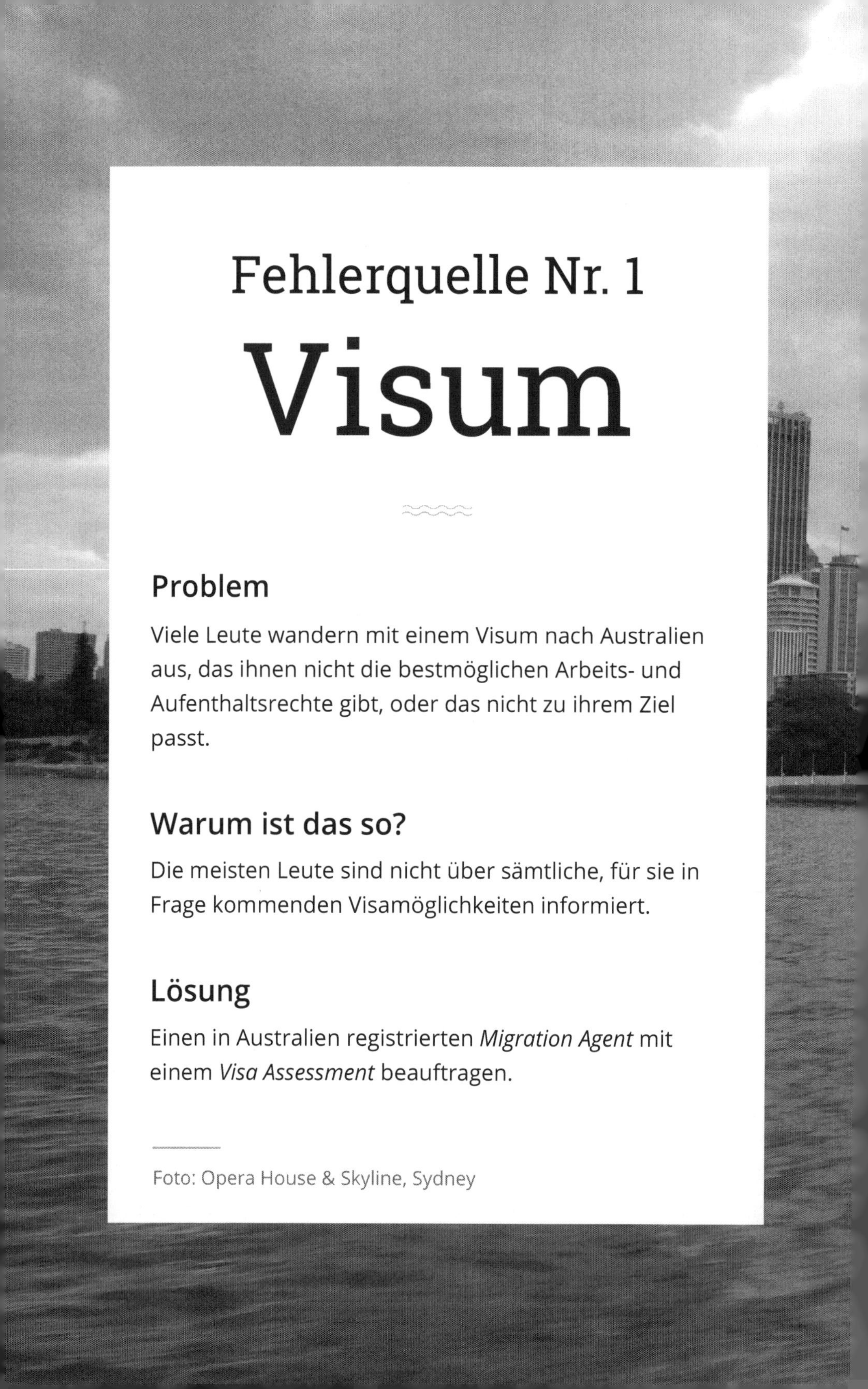

Fehlerquelle Nr. 1

Visum

Problem

Viele Leute wandern mit einem Visum nach Australien aus, das ihnen nicht die bestmöglichen Arbeits- und Aufenthaltsrechte gibt, oder das nicht zu ihrem Ziel passt.

Warum ist das so?

Die meisten Leute sind nicht über sämtliche, für sie in Frage kommenden Visamöglichkeiten informiert.

Lösung

Einen in Australien registrierten *Migration Agent* mit einem *Visa Assessment* beauftragen.

Foto: Opera House & Skyline, Sydney

Hilfe, ich brauche eine Aufenthaltsgenehmigung

Das Thema „Visum" ist der Dreh- und Angelpunkt wenn es darum geht, nach Australien auszuwandern. Meist ist es die erste große Herausforderung und Hürde beim Auswandern, weshalb dieser Punkt auch hier an erster Stelle steht.

Dass ihr ein Visum braucht, dürfte für die Meisten von euch wahrscheinlich keine überraschende Neuigkeit sein. Australien hat bekanntermaßen eine sehr strenge Einwanderungspolitik und jedes Jahr werden Neuerungen eingeführt und Regelungen neu angepasst. Einfach gesagt bestimmt Australien ganz genau, welche Berufe gerade gefragt sind und dringend gebraucht werden und welche nicht. Deshalb hängt die Bewilligung für ein Arbeitsvisum extrem vom Beruf, von der Berufserfahrung und vom Alter des Antragstellers ab.

Natürlich gibt es auch noch ein paar andere Visamöglichkeiten, die nicht berufsabhängig sind und trotzdem in einer Arbeitserlaubnis münden. Hier wäre zum Beispiel das Partnervisum zu nennen, bei dem man durch seinen Lebenspartner ins Land geholt werden kann. Prozentual gesehen beantragen Leute aus Deutschland aber wesentlich häufiger irgendeine Art von Arbeitsvisum als z.B. das Partnervisum.

Von sehr bekannten, temporären Standardvisas wie z.B. dem Travel & Work Visum, das man bis zu seinem 30. Geburtstag beantragen kann, und auch allen anderen Touristenvisas ist bekannt, dass man sie ohne Probleme selber beantragen kann. Auch dort werden zwar inzwischen schon ziemlich viele Informationen von der australischen Einwanderungsbehörde abgefragt und teilweise sogar Gesundheitschecks gefordert, viel falsch machen kann man dabei als Laie allerdings nicht. Die Bestätigungsquote für das Working Holiday Visum liegt für uns Deutsche übrigens bei über 99%. Kein Grund also, sich für die Beantragung Hilfe von einer Agentur oder einem Einwanderungsanwalt zu holen. Dort kann man sich das Geld definitiv sparen.

Australien vergibt Touristenvisas und andere zeitlich begrenzte Aufenthaltsgenehmigungen wie das Travel & Work Visum also recht schnell und einfach. Der Antragsteller muss dafür in eine vorgefertigte „Schablone" passen und schon bekommt er das Visum innerhalb von wenigen Stunden oder Tagen. Das ist für beide Seiten ok, denn der Tourist hat nur eine sehr beschränkte Aufenthaltsdauer in Australien, lässt meistens nur sein Geld da und geht dann wieder in sein Heimatland. Für Australien ist das bequem und somit reicht die grobe Schablone, nach der den Leuten das Visum zugeteilt wird meist aus.

Temporäre Touristenvisas sind auch deshalb unkompliziert, da es nur eine handvoll an Auswahlmöglichkeiten gibt. Hier kann man sich als Laie relativ schnell einen Überblick verschaffen und das passende Visum auswählen.

Das Problem daran

Vielleicht teilweise gerade weil die Beantragung von einem Visum aus dem Bereich der Touristenvisas so einfach ist, unterschätzen viele Leute die Komplexität der Arbeitsvisas.

Bei Visas, die den Antragsteller dazu berechtigen, längerfristig im Land zu bleiben, sieht Australien natürlich zwei Mal hin. Ihr Einwanderungsrecht definiert sehr genau: Wen wollen wir im Land haben und wen nicht. Welche *Skills* brauchen wir gerade und welche nicht. Hieraus werden mehrere Berufslisten erstellt, die quasi nach Dringlichkeit sortiert sind. Wenn jemand einen Beruf hat, der „Dringlichkeitsstufe 1“ hat, hat derjenige die Möglichkeit sich direkt auf eine permanente Aufenthaltsgenehmigung zu bewerben. Das heißt im Übrigen aber nicht, dass man mit einem gesuchten Beruf schnell ins Land einreisen kann. Auch hier kann die Beantragung des Visums schnell mal ein Jahr dauern. Die meiste Zeit nimmt dabei das Zusammentragen aller geforderten Unterlagen, das Beantragen von Berufsbestätigungen und Übersetzungen, sowie die Bearbeitungszeit der australischen Einwanderungsbehörde in Anspruch.

Wenn es um Arbeitsvisas geht ist die Beantragung also kurz gesagt kein besonderer Spaß. Außer ihr liebt Papierkram, dann vielleicht schon. Meist ist es ein Prozess der Geld und Nerven kostet. Umso wichtiger ist es deshalb, dass man von Anfang an weiß, was man tut. Damit meine ich nicht, WIE man ein Visum beantragt, sondern, WELCHES Visum man beantragt und, dass es das richtige Arbeitsvisum für EUCH in eurer ganz speziellen und individuellen Situation ist. Vor allem ist auch extrem wichtig, dass das Visum auf euer langfristiges Ziel einzahlt. Dabei spielen folgende Fragen eine große Rolle:

- Wie lange wollt ihr im Land bleiben?
- Habt ihr eventuell sogar vor, irgendwann die australische Staatsbürgerschaft zu beantragen?
- Wo wollt ihr in Australien wohnen - eher in der Stadt oder eher auf dem Land?

Das sind alles Dinge, dir ihr euch vorher überlegen solltet, denn es beeinflusst maßgeblich, welches Visum für euch das Richtige ist.

Kurz gesagt, was ihr auf keinen Fall wollt: Einen teuren und aufwenigen Beantragungsprozess für ein Visum zu starten, nur um später festzustellen, dass es eine andere Option gegeben hätte, die euch die Einwanderung langfristig wesentlich einfacher gemacht hätte.

Regelungen und Grundvoraussetzungen von Visas werden jährlich (am 01. Juni) angepasst und geändert

Die Entwicklung der Einwanderungsbestimmungen in den letzten Jahren unterstreicht auch nochmal ganz deutlich, warum ihr auf die richtige Wahl des Visums so viel Wert legen solltet. Australien hat die Zügel immer straffer gezogen und gefühlt wird es von Jahr zu Jahr schwieriger, direkt mit einem permanenten Visum ins Land zu kommen.

Die jährlichen Visa-Anpassungen machen es Laien außerdem extrem schwer, sich in Foren in dieses Thema einzulesen oder auf die Informationen von anderen Auswanderern zählen zu können. Es kursieren zu viele veraltete Informationen und am Ende ist die Verwirrung meist größer als am Anfang. Bei allen anderen Themen macht es durchaus Sinn, sich darüber mit anderen Auswanderern auszutauschen. Also wenn es z.B. um den Umzug, um die Einschulung von Kindern in Australien oder Ähnliches geht. Die Informationen zum passenden Arbeitsvisum sollte man sich aber immer aus einer professionellen Quelle, also z.B. von einem Einwanderungsanwalt holen. Nur so kann man sicher gehen, dass man aktuelle und keine veralteten Informationen bekommt.

Tipp bei der Visumswahl:
Solltet ihr die Option zwischen mehreren verschiedenen Visas

haben, entscheidet euch für das Visum, das euch die besten und unabhängigsten Aufenthalts-Möglichkeiten gibt. Wenn ihr z.B. die Wahl habt relativ schnell von einer Firma gesponsert zu werden, oder etwas länger und aufwändiger ein permanentes Visum zu beantragen, nehmt Letzteres. Wer weiß, wie sich die Situation um Arbeitsvisas in Australien in den nächsten Jahren noch zuspitzt. Es ist wahrscheinlich, dass es immer schwieriger und aufwändiger wird ein permanentes Visum zu bekommen. Daher, nehmt es jetzt mit wenn ihr die Chance dazu habt. Auch wenn das bedeutet, dass ihr anfangs mehr Zeit und mehr Geld investieren müsst. Wenn ihr längerfristig in Australien bleiben wollt, lohnt sich dieser Anfangsaufwand auf alle Fälle.

Passendes Visum hängt individuell von der eigenen Situation und dem eigenen Ziel ab

Ihr werdet euch jetzt vielleicht die Frage stellen, ob ich nicht ein bisschen übertreibe. Kann es wirklich so schwer sein, selber das passenden Visum herauszufinden? Wenn man auf die Seite der australischen Einwanderungsbehörde (*1) schaut, sieht das Ganze doch eigentlich recht überschaubar aus. Das Problem dabei ist, dass euch die Webseite zwar eine grobe Übersicht über verschiedene Visas gibt, ihr dabei aber nicht nach euren genauen Kriterien, Voraussetzungen oder gar eurem Ziel filtern könnt. Das „Big Picture" aller möglichen Arbeitsvisas, vor allem ganz spezifisch für die eigene Ausgangslage, kann man sich als Laie schlecht bis unmöglich erarbeiten.

Was meine ich damit und warum ist das so?

Ihr müsst dazu wissen, dass quasi kein Visumsantrag für eine

(*1) https://immi.homeaffairs.gov.au/

langfristige Aufenthaltsgenehmigung von Mensch zu Mensch exakt gleich ist. Welches Visum für euch in Frage kommt, hängt an verschiedensten Faktoren. Die größte Rolle spielen:

- Euer Beruf.
- Eure Berufserfahrung oder Qualifikationen.
- Euer Herkunftsland / Staatsangehörigkeit.
- Euer Alter.
- Eure familiäre Situation. Habt ihr zum Beispiel bereits Familienangehörige in Australien?
- Beantragt ihr das Visum alleine und nur für euch oder braucht ihr ein Visum, auf dem ihr euren Partner und eventuell Kinder mit einschließen könnt?
- Habt ihr oder euer Partner Vorstrafen?
- Beantragt ihr das Visum von Australien aus oder seid ihr noch in eurer Heimat?

Es gibt noch ein paar weitere Faktoren, das waren jetzt nur mal die Wichtigsten. Ihr seht, dass sich daraus je nach eigener Situation und Grundvoraussetzungen bereits sehr vielfältige und verschiedene Visamöglichkeiten ergeben können.

Wer am Einwanderungsanwalt spart, spart an der falschen Stelle

Australien und das dortige Visa System ist also hochkomplex und es gibt viele Visakategorien, die wiederum Subkategorien enthalten. Hinzu kommen die bereits erwähnten jährlichen Änderungen und Anpassungen verschiedener Visas. Es gibt Firmen die euch sponsern können aber z.B. auch einzelne Staaten bzw. einzelne Regionen in Australien, die euch zu einer Aufenthaltsgenehmigung verhelfen können.

Auf gut Deutsch: Es kennt sich einfach kein normaler Mensch mehr damit aus. Nicht umsonst dauert die Ausbildung zum Einwanderungsanwalt in Australien einige Jahre. Es bringt euch nichts an dieser Stelle Geld zu sparen, weil ihr dann euer Ziel, langfristig in Australien zu leben, eventuell nicht, nur erschwert oder auf einem komplizierten Umweg erreicht. Ihr braucht von Anfang an einen strategischen Berater an eurer Seite, der mit euch zusammen den Weg zu eurem Ziel plant.
Hier ein Beispiel aus einem Interview von jemandem, der ohne Einwanderungsanwalt nach Australien eingewandert ist:

BEISPIEL

Ausgangslage
29-jähriger Deutscher, Beruf IT-ler mit Studienabschluss, kein Partner, keine Kinder, war nicht ortsgebunden und hatte sich nicht für eine bestimmte Stadt in Australien festgelegt in der er arbeiten wollte. Sein generelles Ziel war es, längerfristig in Australien zu bleiben und eventuell auch die Staatsbürgerschaft anzunehmen, wenn möglich. Da es am einfachsten war, ist er aber erst einmal mit einem Travel & Work Visum nach Australien eingereist.

Visa-Ablauf
1. Jahr in Australien: Travel & Work Visum
2. Jahr in Australien: Verlängerung vom Travel & Work Visum auf ein zweites Jahr.
3. Jahr in Australien: Wechsel auf ein von einer Firma gesponsertes (temporäres) TSS Visum.

Problem
Innerhalb der ersten drei Jahre musste er sich jedes Jahr erneut um die Visumsfrage kümmern.

„Das war auf Dauer extrem anstrengend. Es ist auch eine psychologische Frage meiner Meinung nach. Wenn man nie auf einem Visum „ankommt", das einem die Sicherheit gibt zumindest einige Jahre bleiben zu können, dann befindet man sich gedanklich dauernd auf dem Sprung. Ich habe zum Beispiel meine Wohnung in Australien auch nie richtig eingerichtet, weil ich nie wusste, wie lange ich jetzt eigentlich noch im Land bleiben werde oder darf.

Als ich dann von einem Arbeitgeber gesponsert wurde, hat es das Anfangs etwas besser gemacht. Ich hatte dann eine offizielle Arbeitserlaubnis von 4 Jahren. Dann kam aber nach einiger Zeit das nächste Problem. Mir hat es nämlich bei der Firma auf Dauer nicht gefallen. Auf dem TSS Visum ist es aber nicht gerade einfach den Arbeitgeber zu wechseln und wenn man gekündigt wird, hat man nur wenige Monate Zeit einen neuen Job und Sponsor zu finden bevor man das Land verlassen muss. Dieses Wissen wiederum hat mir das Gefühl gegeben, dass ich bei meinem Arbeitgeber nicht einmal sagen konnte, wenn mir etwas nicht gefällt. Einfach aus Angst, dass ich dann eventuell gekündigt werde und nicht nur meine Arbeit, sondern auch mein Aufenthaltsrecht verliere.

In so einer Situation will ich nie wieder sein. Jetzt im Nachhinein wünschte ich wirklich, dass ich von Anfang an zumindest einfach mal mit einem Migration Agent gesprochen hatte. Ich wusste aber einfach nicht, dass sowas sinnvoll ist, sonst hätte ich es wahrscheinlich getan. Ich glaube meine Situation wäre dann ganz anders gewesen. Mich hat dieser ständige Visumswechsel auch irgendwann extrem „müde" gemacht, wenn man das so sagen kann. Ich hatte am Ende einfach keine Lust mehr und bin schließlich in ein anderes Land gezogen, in dem es einfacher ist, ein Arbeitsvisum inklusive permanenter Aufenthaltsgenehmigung zu bekommen."

Nicht ergriffene Visa-Möglichkeit

Mein Interviewpartner hätte sich das Leben extrem einfacher machen können, hätte er anfangs zumindest einmal ein *Visa Assessment* mit einem Einwanderungsanwalt gemacht. Dann hätte er nämlich gewusst, dass es zu der Zeit, in der er nach Australien ziehen wollte, ein staatlich gesponsertes Visum gegeben hätte, das ihm innerhalb von ein paar Jahren eine permanente Aufenthaltserlaubnis beschafft hätte.

Das Problem in diesem Beispiel war also nicht, dass mein Interviewpartner nicht selber ein für ihn in Frage kommendes Arbeitsvisum finden und beantragen konnte. Das Problem war, dass er es als Laie nicht geschafft hat, das **für ihn am besten passende Visum** für sein Ziel zu finden.

So wie ihm ging es auch vielen anderen Leuten, die ich befragt habe. Einer der größten Fehler lautete deswegen für viele:

„Ich habe unglaublich viele Ressourcen darauf verschwendet von Visum zu Visum zu springen anstatt mich direkt am Anfang mit einem Migration Agent zusammenzusetzen und meine Visa-Möglichkeiten zu klären."

Vor allem als Paar oder Familie unbedingt beraten lassen

An diesem Beispiel möchte ich auch noch etwas anderes verdeutlichen. Wenn man alleinstehend ist, dann ist es vielleicht am Ende einfach ärgerlich, dass man nicht von Anfang an den einfacheren Visaweg gewählt hat. Wenn ihr aber mit Familie auswandern wollt, dann ist ein Beratungsgespräch über eure Visa-Optionen im Prinzip absolute Pflicht. Ihr braucht für euch und eure Familie die Sicherheit und das Wissen darüber, dass ihr Visa-technisch auf dem richtigen Weg seid oder, dass ihr zumindest einen genauen strategischen Fahrplan habt.

Euer neues Leben in Australien wird bereits genug andere Stressfaktoren beinhalten (z.B. Thema Job und Umzug), da muss das Visa-Thema einfach geklärt sein und darf euch nicht zusätzlich auf der Seele liegen. Das Leben im Ausland soll euch ja schließlich Spaß machen.

Wenn ihr als Paar oder Familie auswandert ist es übrigens normalerweise so, dass einer von euch (meist der mit dem gefragteren Beruf), der Hauptantragsteller des Visums ist und dann die restliche Familie oder den Partner mit aufs Visum aufnimmt. Unter gewissen Umständen ist eine andere strategische Überlegung, dass sich jeder Erwachsene einzeln auf ein Arbeitsvisum bewirbt (wenn denn mit euren Jobs möglich). Damit kreiert ihr dann eine Art Sicherheitsnetz, falls es zu einer Trennung kommt oder einer von euch zum Beispiel den Job verlieren sollte.

Die Frage der Fragen: Wann und für was sollte ich einen Einwanderungsanwalt beauftragen und was kostet mich das?

Verbessern sich dadurch die Chancen das Visum zu bekommen?

Die Chancen das Visum zu bekommen hängen nicht daran, wer den Visumsantrag einreicht. In erster Instanz wird euer Antrag also gleichwertig behandelt, wenn ihr ihn selber einreicht. Wesentlich bessere Chancen habt ihr aber dann, wenn bei der Einreichung irgendetwas schief läuft bzw. wenn es Rückfragen vom Immigration Department gibt. Kurz gesagt habt ihr mit einem Einwanderungsanwalt immer dann einen Trumpf im Ärmel, wenn es um rechtliche Einwanderungsfragen geht.

Wieso kann es zu Schwierigkeiten beim Antrag kommen?

Ihr müsst dazu wissen, dass die Leute, die beim australischen Immigration Department arbeiten, nicht die jahrelange Ausbildung durchlaufen müssen, die zum Beispiel bei Einwanderungsanwälten gefordert wird.
Das heißt im Klartext, dass euer Antrag an Leute vom Immigration Department weitergegeben wird, die immer nur für ein oder zwei ganz bestimmte Visas zuständig sind und auch nur diese bearbeiten. Für die jeweiligen Visa Typen haben sie normalerweise natürlich schon Ahnung und kennen die grundsätzlichen Regeln, jedoch müsst ihr euch im Klaren darüber sein, dass manche Mitarbeiter des Immigration Departments (je nach Arbeitserfahrung) nicht die gesetzlichen und rechtlichen Details und Kniffe kennen. Einfach daher, weil es "nur" Sachbearbeiter sind, die kein detailliertes Wissen über Australien's Gesetzbücher und Einwanderungsvorschriften haben müssen. Diese Information stammt übrigens von australischen Einwanderungsanwälten.

Alle Einwanderungsanwälte, mit denen wir uns unterhalten haben, berichteten uns von Fällen, in denen sie Entscheidungen von *Case Officers* der australischen Einwanderungsbehörde anfechten mussten. Schlicht und einfach weil derjenige Mitarbeiter nicht alle Details kannte und somit das Visum fälschlicherweise abgelehnt hat.

Damit sollte sich nun eigentlich schon geklärt haben, warum es sich lohnen kann, einen *Migration Agent* hinzuzuziehen. Ihr beauftragt damit einen fachlichen Spezialisten, minimiert das

Risiko selber vielleicht etwas falsch auszufüllen und maximiert eure Chance darauf, das Visum zu bekommen. Sollte es Probleme bei der Beantragung geben oder sollte der Antrag sogar abgelehnt werden, habt ihr direkt professionelle Hilfe an eurer Seite.

Wie stehen meine Chancen wenn ich das Visum doch lieber selber beantragen will?

Nur um das nochmal klar zu machen: Es steht euch natürlich komplett frei, euch um euren Visumsantrag selber zu kümmern. Es ist auch keinesfalls unmöglich die Unterlagen selber zusammenzustellen und die Formulare selber online auszufüllen. Gerade in den letzten Jahren hat sich beim australischen *Immigration Department* in der Richtung viel getan und man bekommt inzwischen fast so etwas wie eine vorgefertigte Liste, auf der steht, welche Dokumente man braucht. Das mag für einen Fall, der recht einfach gestrickt ist, ok sein.

Auf der anderen Seite muss das *Immigration Department* mit seinem online System natürlich auch versuchen, sämtliche Situationen (für alle Nationalitäten) abzudecken. Das heißt der inzwischen vorhandene Online Guide ist leider natürlich trotzdem nicht auf eure persönliche Situation zugeschnitten. Hier kann es zum Beispiel vorkommen, dass euch gesagt wird, dass ihr Dokument x und y braucht, obwohl ihr aber als Deutscher nur eines der beiden Dokumente bräuchtet. So können eventuell unnötige Kosten entstehen und ihr könnt dadurch bei der Beantragung Zeit verlieren.

Außerdem ist es bei jedem Visum so, dass man die Bearbeitungskosten dafür immer im Voraus an die australische

Einwanderungsbehörde zahlen muss. Wird euer Antrag wegen eines falsch gesetzten Häkchens oder einer unstimmigen Antwort abgelehnt, ist dieses Geld verloren. Wenn ihr den gleichen Antrag dann eventuell noch einmal stellen wollt, kann das für so manchen unerschwinglich teuer werden und den Traum vom Auswandern vielleicht sogar zunichte machen. Da ist das Geld dann vielleicht tatsächlich besser investiert, wenn man sich gleich von Anfang an einen Einwanderungsanwalt mit ins Boot holt.

Lösung: Ein Visa Assessment mit einem Einwanderungsanwalt durchführen

Ob ihr das Visum am Ende selber einreicht oder nicht, bleibt im Prinzip euch überlassen. Was ihr aber auf gar keinen Fall auslassen solltet, ist das anfängliche *Visa Assessment*. Dabei analysiert ein *Migration Agent* ganz genau eure jeweilige Situation und gibt euch dann Feedback, welche Visamöglichkeiten ihr, mit euren ganz persönlichen Grundvoraussetzungen habt.

Das Ganze kostet normalerweise zwischen 300 und 500 australische Dollar. Dieser Service ist definitv sinnvoll und bei dem aktuellen Wechselkurs von Euro zu australischen Dollarn auch preislich sehr erschwinglich.

Nehmt dabei bitte **kein** Angebot von einem Einwanderungsanwalt an, der dafür nicht bezahlt werden will. Es gibt leider oft Lockangebote, in denen *Agents* damit werben, dass sie ein *Visa Assessment* umsonst machen. Wie immer gilt hier: Kopf einschalten. Wenn derjenige nicht dafür bezahlt wird, investiert er viellleicht eine viertel oder halbe Stunde in euren Fall und ihr bekommt keine guten oder keine ausführlichen Ergebnisse.

Also: Bezahlt gute Leute für gute Arbeit und detaillierte Ergebnisse.

Info
Ich habe für euch einen Deal mit Einwanderungsanwältin Friederike Kühn ausgehandelt. Wenn ihr sie über rausnachaus.com kontaktiert, könnt ihr 50 AUD beim Visa Assessment sparen. Statt 300 AUD zahlt ihr dann nur 250 AUD. Geht dafür einfach auf: https://www.rausnachaus.com/assessment/

Gut zu wissen: Bei diesem Service gehört es normalerweise nicht dazu, dass euch der Anwalt auch gleich aufzählt, welche Dokumente ihr später für die Beantragung bräuchtet. Es geht rein darum herauszufinden, welches Visum oder welche Visas für eure persönliche Situation die beste Wahl wären. Damit lässt sich sehr gut eine Art Auswanderungs- bzw. Einwanderungsplan erstellen.

Was kostet es, einen Einwanderungsanwalt auch für die anschließende Einreichung vom Visumsantrag zu beauftragen?

Die Kosten dafür können sehr stark variieren, je nachdem, ob ihr euch eine größere Agentur oder einen selbständigen *Immigration Agent* sucht. Auch die Lage spielt eine Rolle. Anwälte, die ihr Büro in einer Metropole wie Sydney oder Melbourne haben, sind oft sehr viel teurer als solche, die in Vororten oder in kleineren Städten wie Adelaide arbeiten.

Das Motto "was teuer ist muss auch gut sein", das wir als Deutsche gerne anwenden, gilt hier definitiv nicht.

Eine große Agentur ist einem einzelnen, selbständigen Einwanderungsanwalt nicht unbedingt vorzuziehen. Gerade bei permanenten Aufenthaltsgenehmigungen ist ein direkter Preisvergleich mit anderen Leuten, die das gleiche Visum beantragt haben übrigens schwierig. Meistens berechnen die Einwanderungsanwälte ihre Gebühren nämlich nach Aufwand. Dementsprechend zahlt z.B. eine Einzelperson natürlich weniger als jemand, der auch seine 4-köpfige Familie mit ins Land holen will und noch dazu eine Vorstrafe hat.

Generell ist es immer eine gute Idee, sich mehrere Angebote von verschiedenen *Migration Agents* machen zu lassen, bevor man sich für Einen davon entscheidet.

Welche *Migration Agents* könnt ihr kontaktieren?

In unserer Facebook Gruppe "Auswandern nach Australien" (*2) werden einige deutsche *Immigration Agents* immer wieder empfohlen. Diese sind vor einiger Zeit selber nach Australien ausgewandert und leben nun dort.

Die folgenden Einwanderungsanwälte wurden am häufigsten als sehr gut bewertet:

Friederike Kuehn
Webseite: http://yourmigrationnetwork.com.au/
Located in: Brisbane

Ein Interview mit Friederike könnt ihr außerdem hier lesen: https://www.rausnachaus.com/einwanderungsanwalt-friederike-kuehn/

(*2) https://www.facebook.com/groups/rausnachaus/

Johannes Kunz
Webseite: http://jkmigrate.de/
Located in: Brisbane

Martin Seidel
Webseite: http://www.australian-immigration-solutions.com/
Located in: Perth

Doris Dengel
Webseite: http://essworldwide.com.au/
Located in: Perth

Margot Obrist
Webseite: http://www.migration-advice.com/
Located in: Adelaide

Wie geht es dann weiter?

Mit Hilfe des *Visa Assessments* entscheidet ihr euch für ein Visum, das für euch und euer Vorhaben Sinn macht. Ihr habt dann die Möglichkeit das Visum mit Hilfe des Einwanderungsanwalts einzureichen. Normalerweise ist dies kein billiges Vergnügen, aus meiner persönlichen Sicht lohnt es sich aber hier einen Experten an seiner Seite zu haben.

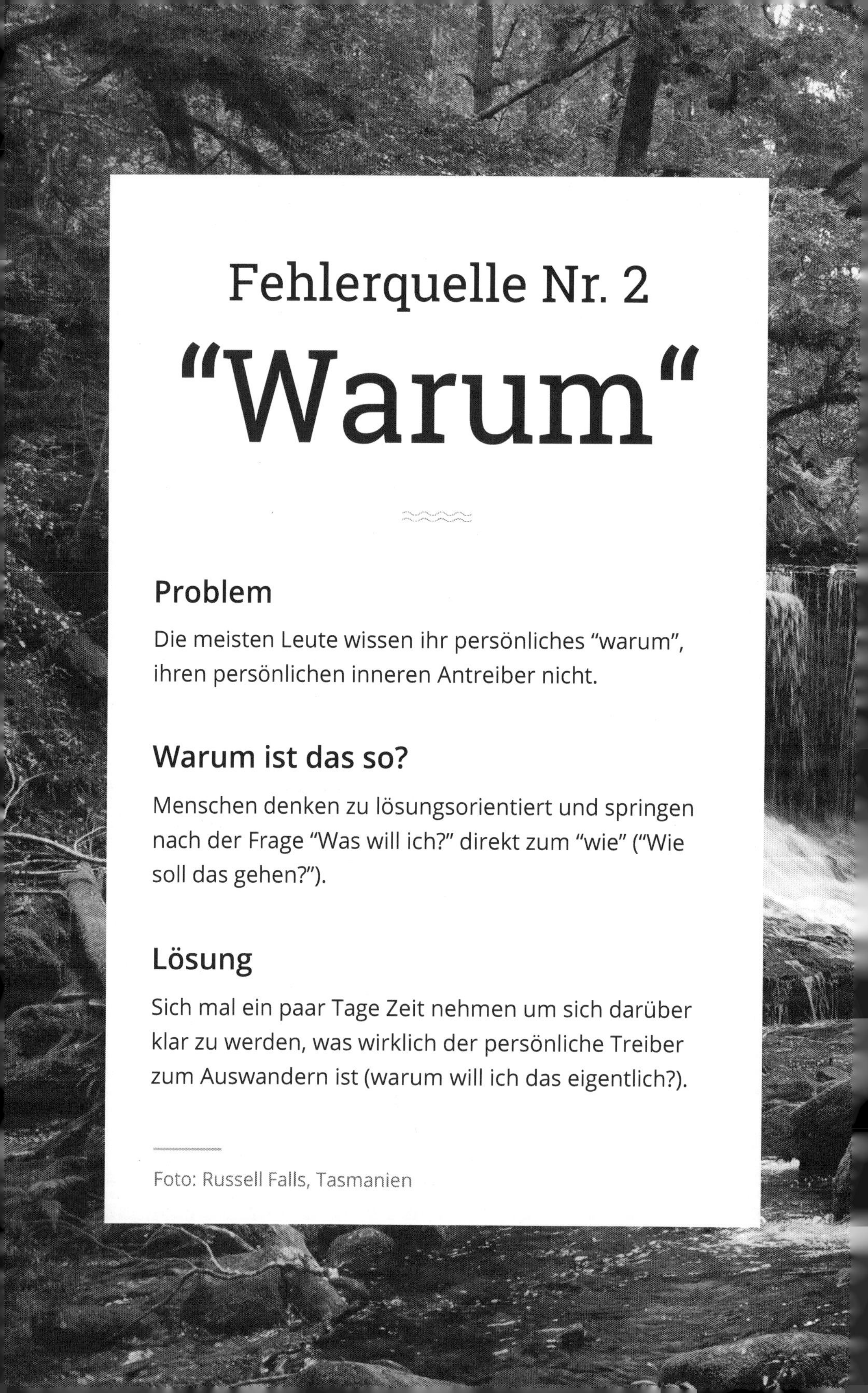

Fehlerquelle Nr. 2

"Warum"

Problem

Die meisten Leute wissen ihr persönliches "warum", ihren persönlichen inneren Antreiber nicht.

Warum ist das so?

Menschen denken zu lösungsorientiert und springen nach der Frage "Was will ich?" direkt zum "wie" ("Wie soll das gehen?").

Lösung

Sich mal ein paar Tage Zeit nehmen um sich darüber klar zu werden, was wirklich der persönliche Treiber zum Auswandern ist (warum will ich das eigentlich?).

Foto: Russell Falls, Tasmanien

Wieso ist es ein Problem, wenn man sein "Warum" nicht kennt?

Wir sind es gewohnt, uns bei einem Problem oder einer Herausforderung wie z.B. dem Auswandern meist zuerst zu fragen "wie schaffe ich das?". Dabei lassen wir aber gerne die grundlegende Frage außer acht, **warum** wir das, wonach wir da gerade so angestrengt die Lösung suchen, überhaupt wollen. Also: Was ist eigentlich unser innerer Antreiber?

Tatsächlich scheitern viele Leute irgendwo auf dem Weg zum Auswandern, weil sie sich selber nie ehrlich gefragt haben, warum sie das eigentlich wollen. Das hört sich jetzt vielleicht erst einmal total banal an, aber es gibt wirklich eine sehr große Zahl von Menschen, denen auf ihrem Weg zum Auswandern einfach irgendwann „die Puste ausgeht".

Diese Leute haben sich selbst ihre Motivation nie klar gemacht und fangen dann zwar irgendwo an, halten aber nicht durch, weil mittendrin etwas anderes daherkommt oder weil es zu schwer erscheint. Die Hürden scheinen in diesem Augenblick zu groß und das Ziel irgendwie zu weit weg. Kurz gesagt:
Der innere Antreiber, das "warum", ist nicht stark genug.
Genau diese Leute scheitern dann meistens. Eine Vorstellung vom inneren Antreiber zu haben ist nicht nur für das Ziel nach Australien auszuwandern sinnvoll, sondern auch für jegliches anderes Ziel, das ihr euch setzt. Wenn euer Antreiber nicht groß genug ist, werdet ihr zu den Leuten gehören, die eventuell schlichtweg zu früh aufgeben. Das ist vor allem beim Auswandern so ein großes Thema, weil das Ziel „ich wandere aus", nicht von heute auf morgen erreicht werden kann. Es braucht normalerweise viel Zeit. Bei großen Zielen, bei denen die Umsetzung lange dauert, ist es aber umso wichtiger, dass eine extrem große Motivation dahinter steht und, dass man

sich bewusst ist, welche das ist.

Warum ist das "Warum" so wichtig?

Laut Simon Sinek sind Leute, die ihr "Warum" kennen, erfolgreicher und erreichen eher ihr Ziel. Die meisten Menschen (und Firmen) starten aber nicht mit der Fragen "Warum will ich xy erreichen?" sondern meist direkt mit "Was will ich erreichen?" und direkt darauf folgend "Wie kann ich das erreichen?".

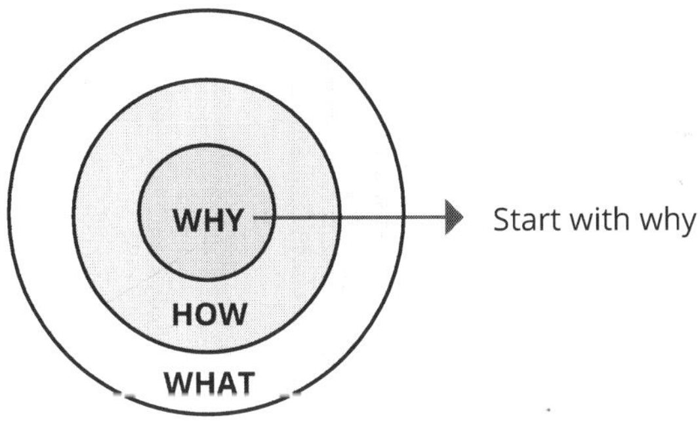

*Simon Sinek's golden circle (*3)*

Hinter jeder unserer Tätigkeiten steht aber das "Warum" im Prinzip immer erst einmal als zentrale Frage im Mittelpunkt. Wer sein "Warum" kennt, kann auch eine Vision haben, denn darauf basierend handeln wir und treffen Entscheidungen. Wer nicht versteht warum er etwas tut, wird niemals genau so motiviert sein wie eine Person, die genau weiß, **warum** sie eine Tätigkeit ausführt.

"Wenn wir von innen nach außen kommunizieren, sprechen wir direkt den Teil in unserem Gehirn an, der die Kontrolle über unser Verhalten und unsere Entscheidungen hat." - Simon Sinek

---

(*3) Buch: Simon Sinek - Finde dein Warum

Wie definiert man seine persönlichen Antreiber und sein "warum"?

Damit ihr euer persönliches "warum" immer vor Augen habt und dadurch immer top motiviert seid, könnt ihr die Fragen auf den folgenden zwei Arbeitsblättern ganz für euch alleine ehrlich beantworten. Sie helfen euch ein bisschen dabei, euer eigenes „warum" besser zu definieren. Seid vor allem ehrlich zu euch selbst und findet heraus:

„Wie sehr will ich das und warum?"
"Werde ich dadurch etwas haben, das ich aktuell nicht habe?"
"Was steht mir eventuell im Weg?"
"Was reizt mich so sehr an meinem Ziel und warum?"
"Warum gerade genau DIESES Ziel?"

Oft steckt hinter einem "Warum?" noch ein anderer Grund. Deshalb ist es auch sinnvoll, sich durchaus drei Mal hintereinander die "warum-Frage" zu stellen.

Also zum Beispiel:
Euer "What": Ich will nach Australien auswandern.
1. Frage: "Warum will ich das?" - 1. Antwort: "Weil xyz."
2. Frage. "Warum will ich xyz?" - 2. Antwort: " Weil ...."
usw.

Übrigens: Über 70% aller erfolgreich ausgewanderten Leute, die ich befragt habe, hatten eine extrem starke, innere Motivation ihr Ziel zu erreichen. Sie sagten, dass es für sie (in ihrem Kopf) quasi eigentlich gar keine andere Option gab, als es einfach zu tun. Bei den Meisten davon gab es etwas im Leben, das sie extrem unzufrieden machte und das sie durch das Auswandern nach Australien lösen konnten.

ARBEITSBLATT

Meine persönliche Motivation

1. Warum will ich eine örtliche Veränderung in meinem Leben?

Neue Arbeitsherausforderung
Neuer Anfang Abenteuer
Beziehung
Neues lernen

2. Warum ist mir das so wichtig?

Keine Fernbeziehung mehr
Australien Leute kennen lernen

3. Was ist ein weiterer Grund, warum ich nach Australien auswandern will?

Ash
Neue Leute
Abenteuer

4. Ist das der wichtigste Grund? Wenn nein, welcher ist es?

Ash & Ich

5. Was will ich für mich (und meine Familie) erreichen / was erhoffe ich mir?

Happy sein
weniger Stress

6. Warum ist mir das wichtig?

Stress ist doof
Fernbeziehung ist zu anstrengend

7. Woran zweifle ich und woran glaube ich eventuell zu scheitern?

Geld
Motivation

8. Warum ist das so und gibt es etwas, das ich dagegen tun kann?

Ja, einfach machen

9. Wie werde ich mich fühlen, wenn ich in Australien wohne?

relief

Die häufigsten Antreiber nach Australien auszuwandern

Wenn ihr die Fragen auf vorigem Arbeitsblatt für euch beantwortet habt, könnt ihr euch jetzt die Antworten ansehen, die in meinen Umfragen am häufigsten von anderen Auswanderwilligen gegeben wurden:

Warum willst du eine örtliche Veränderung in deinem Leben?

- Ich will irgendwo leben, wo das Klima und Wetter besser ist.
- Ich will Arbeitserfahrung im Ausland sammeln.
- Ich will andere Kulturen kennenlernen.
- Ich will etwas Neues erleben.

Was ist ein weiterer Grund nach Australien auszuwandern?

- Ich will mein Englisch verbessern.
- Ich will eine bessere Work-Life-Balance.
- Ich will ein entspannteres, entschleunigtes Leben.

Was willst du für dich und deine Familie erreichen?

- Mehr Sonnenschein und Wärme.
- Zufriedenheit.
- Glück und Leichtigkeit.
- Neue Menschen kennenlernen.
- Ein gemeinsames Abenteuer.
- Mehr gemeinsame Zeit.

Die häufigsten Bedenken beim Auswandern nach Australien

Natürlich hat mich auch interessiert, was die gängisten Bedenken beim Auswandern nach Australien sind. Im Folgenden findet ihr die häufigsten Antworten darauf, die ich während meinen Interviews auf diese Frage bekam:

Woran zweifelst du oder woran glaubst du eventuell zu scheitern?

- Mein Partner will nicht aus Deutschland wegziehen.
- Die Distanz zu meiner Familie und Freunden.
- Ob wir ein Arbeitsvisum bekommen.
- Die Beantragung vom Visum.
- Finanzielle Hindernisse.
- Neue, gute Freundschaften zu finden.
- Die Berufsanerkennung zu bestehen.
- Die Sprache.

Eure Zweifel & Ängste (Frage 7 und 8 auf dem Arbeitsblatt)

Wenn ihr das Arbeitsblatt ausgefüllt habt, könnt ihr euch aus der Frage 7 und 8 quasi auch direkt eure nächsten, konkreten to do's ableiten. Diese Dinge werden kleine Erfolgsschritte für euch sein und die Chancen für ein zukünfiges Leben in Australien wesentlich erhöhen.

Beispiel

Zweifel
"Ich zweifle daran, dass mein Englisch gut genug ist, um ein Visum zu bekommen."

Wie kann ich gegensteuern?

"Ich melde mich heute noch bei einem VHS-Englischkurs an. Außerdem lese ich ab sofort nur noch englische Bücher und suche mir einen Tandem-Sprachpartner."

Fehlerquelle Nr. 3

Ziel

Problem

Die meisten Leute setzen sich kein konkretes, messbares Ziel, auf das sie hinarbeiten können.

Warum ist das so?

Wir tendieren dazu uns Ziele zu setzen die unkonkret sind. Also zum Beispiel "Ich will mehr Geld verdienen" statt "Bis zum 01.01.2025 will 600 Euro zusätzliches Einkommen haben durch die Vermietung von drei Eigentumswohnungen in München."

Lösung

Mache es konkret. Setze dir ein zeitliches Ziel und definiere so genau wie möglich, was du bis dahin erreicht haben willst. Definiere dein Ziel so, dass es messbar ist.

Foto: 4 Mile Beach, Port Douglas

Wieso sind unkonkrete Ziele ein Problem?

Ziele sind so eine Sache. Fast alle Leute, mit denen ich in den Interviews gesprochen haben, hatten welche. Allerdings waren die wenigsten davon so formuliert, dass sie konkret und messbar waren.

Vielleicht werdet ihr nun sagen: "Aber wieso ist das ein Problem? Ist es nicht besser ein unkonkretes Ziel zu haben als gar keines zu haben?"

Ja, besser ist das schon, aber so richtig zielführend ist es trotzdem nicht. Denn wenn ihr euch ein generell formuliertes Ziel setzt, das nicht messbar ist, dann wisst ihr ja auch nie, wann genau ihr es erreicht habt. Tatsächlich tendieren wir oft dazu uns sehr unkonkrete Ziele zu setzen.

Beispiel

Ich nehme mal das Thema "mehr Geld verdienen". Ein typisches Ziel könnte also heißen: "Ich will mehr Geld verdienen". Das hört sich im ersten Moment logisch an aber wenn ihr mal kurz darüber nachdenkt, fallen einem nach kurzer Zeit bereits sehr viele Fragen dazu ein.

"Wie viel Geld willst du denn genau mehr verdienen?"
- 600 Euro.
"Pro Monat oder pro Jahr?"
- Pro Jahr.
"Womit willst du es schaffen mehr Geld zu verdienen?"
- Mit Immobilien.
"Mit welcher Art von Immobilien genau?"
- Mit Eigentumswohnungen.
"Mit wie vielen?"

- Mit drei Eigentumswohnungen.
-"In welcher Stadt willst du diese Wohnungen kaufen?"
- In München.
"Bis wann genau willst du das denn erreicht haben?"
- Bis Anfang 2025.

Ihr seht, man kann es immer noch einen Schritt konkreter machen. Ein konkretes, messbares Ziel könnte also lauten:

Bis zum 01.01.2025 will 600 Euro zusätzliches Einkommen pro Jahr haben durch die Vermietung von drei Eigentumswohnungen in München.

Boom.

Das ist schon eine andere Hausnummer als einfach zu sagen "Ich will mehr Geld verdienen."

Wobei helfen euch konkrete, messbare Ziele?

Wie bereits erwähnt, kann man nur konkrete Ziele auch messen. Wenn das Ziel nicht messbar ist, ist es quasi auch nicht wirklich erreichbar, da die Definition fehlt.

Eine gute Freundin von mir hat mal gesagt: "Dieses Jahr will ich meinen Traumpartner kennenlernen."
Das ist nur leider kein Ziel, das ist ein Wunsch. Und noch dazu einer, den man nicht beeinflussen kann. Sehr wohl aber kann man selber beeinflussen wie viele Dates man hat und was man z.B. selber aktiv unternimmt, um einen potentiellen Partner kennenzulernen.

Ich schweife etwas ab, aber ich denke ihr versteht, worauf ich hinaus will. Habt ihr bisher einfach nur das Ziel gehabt "Ich will nach Australien auswandern"? Dann wendet jetzt direkt die mach-es-konkreter-Technik an und definiert euer Ziel genauer.

Denkt daran, das Ziel sollte

- messbar sein
- von euch und euren Handlungen beeinflussbar sein
- so konkret wie möglich sein

Fragehilfen:

Wohin wollt ihr nach Australien auswandern?
Mit wem wollt ihr auswandern? Alleine oder mit Partner?
Wo genau wollt ihr dort wohnen?
In einem Haus?
Mit Garten?
In der Stadt oder auf dem Land?
In welchem australischen Staat?
In eine bestimmte Stadt?
Soll das Haus euch gehören?
Mit Swimming Pool?
Wann wollt ihr nach Australien ziehen?
Mit Haustier?
Wo wollt ihr dort arbeiten?
Wie wollt ihr dort Geld verdienen?
Wie viel Geld wollt ihr verdienen?

So, und jetzt viel Spaß beim ausformulieren von eurem neuen, ganz konkreten, messbaren Ziel:

Hauptziel und Zwischenziele

Damit habt ihr nun euer Hauptziel definiert. Je nachdem wo ihr gerade schon bei den Vorbereitungen steht, könnt ihr euch natürlich nun auch noch wöchentliche Zwischenziele setzen.

Das geht super wenn es um die Vorbereitung von Unterlagen für das Visum geht, oder auch für die Jobsuche. Zwischenziele könnten also so etwas sein wie:

"Diese Woche suche ich mir 10 Firmen in Melbourne heraus, bei denen ich mich als Designer bewerben könnte."

"Diese Woche übersetze ich meinen deutschen Lebenslauf ins Englische."

Die Zwischenziele, die ihr euch setzt, sollten natürlich in irgendeiner Art und Weise auf euer Hauptziel einzahlen. Passt auf, dass ihr euch nicht zu große Zwischenziele setzt. Falls das passiert, brecht das Zwischenziel in noch kleinere Einheiten herunter und startet in der neuen Woche erneut mit dem kleineren Teil eures Zwischenziels. Es geht nicht darum wie groß oder klein eure Zwischenziele sind, sondern darum, dass ihr immer in Bewegung bleibt und euch dauerhaft Schritt für Schritt eurem Hauptziel nähert.

Schreibt eure Ziele täglich auf

Ein einmaliges aufschreiben eures Ziels ist schon ein ziemlich guter Anfang. Es ist aber noch nicht effektiv. Studien haben bewiesen, dass wir ein Ziel wesentlich erfolgreicher erreichen können, wenn wir es uns jeden Tag immer und immer wieder vor Augen führen. Wir wollen die volle Power unseres Unterbewusstseins nutzen und uns unser Ziel sozusagen "ins Gedächtnis hämmern".

Die beste Methode dafür ist es, eine Art Journal zu schreiben. In eurem Fall also ein Auswander-Journal. Darin haltet ihr jeden Tag ganz in der Früh, während ihr zum Beispiel gemütlich eure Tasse Kaffee trinkt, eure Gedanken und euer aktuelles Hauptziel fest. Ergänzen könnt ihr das dann jede Woche auch noch mit einem wöchentlichen Zwischenziel.

Wie das aussehen könnte, habe ich euch beispielhaft ganz hinten in diesem Buch aufgezeigt. Dort könnt ihr eure ersten Auswander-Journal-Seiten finden und direkt starten. Wichtig ist, dass ihr wirklich versucht den Eintrag in euer Auswander-Journal zu einer Routine im Tagesverlauf werden zu lassen. Nur wenn ihr täglich hineinschreibt bringt es euch wirklich etwas.

Der Platz in diesem Journal reicht genau für Einträge über einen Zeitraum von einem Monat. Ich verspreche euch, dass ihr, wenn ihr das einfach mal ausprobiert und durchzieht, bereits nach einem Monat eine Veränderung feststellen könnt.

Wenn ihr so ein Journal über mehrere Monat hinweg benutzt ist das schöne daran, dass ihr eure Fortschritte ganz genau nachvollziehen und sichtbar machen könnt. Das ist extrem wichtig, und wird ganz maßgeblich dazu beitragen, dass ihr motiviert bei der Sache bleibt und vor allem auch stolz auf eure Ergebnisse sein könnt.

Wenn man kein Journal führt und sich auch kleine Siege nicht aufschreibt, hat man am Ende des Monats schnell das Gefühl, dass man nichts geschafft hat und sich auch nichts verändert hat. Das kommt daher, dass wir gerade die ganz kleinen Erfolge normalerweise nicht im Gedächtnis behalten und sie einfach vergessen. Dabei sind sie es ja genau, die uns am Ende zu unserem großen Ziel führen.

Also, probiert das Journal hinten in diesem Buch doch einfach einmal für einen Monat aus. Wenn ihr merkt es bringt euch tatsächlich gar nichts, gebe ich euch die offizielle Erlaubnis mir eine Beschwerde-Email zu schreiben.

Fehlerquelle Nr. 4

Motivation

Problem

Viele Leute verlieren irgendwann die Motivation und geben auf.

Warum ist das so?

Nach Australien auswandern funktioniert nicht von heute auf morgen und kann manchmal (meist visumsbedingt) Jahre dauern.

Lösung

Die Motivation aufrecht erhalten und stärken indem man Gleichgesinnte trifft, Leute von seinem Vorhaben erzählt und ein persönliches Auswander-Journal führt.

Foto: National Route 1, Western Australia

Motivation, Geduld und Gelassenheit

Dieses Kapitel knüpft inhaltlich an Kapitel 2, "Dein Warum", an. Eure eigene Denkweise und Motivation spielen beim Auswandern eine ganz entscheidende Rolle. In ein Land auf der anderen Seite der Welt zu ziehen ist ein riesiges Ziel. Ganz anders als zum Beispiel innerhalb von Deutschland den Wohnort zu wechseln. Man lässt seine jetzigen Bekannten, Familie und Freunde zurück, fängt einen neuen Job an, spricht eine andere Sprache, verkauft sein Hab und Gut und startet an einem anderen Ort der Welt (meist) komplett bei Null. Das Arbeitsvisum und der neue Job sind da nur ein Teil des *Big Picture*.

Weil am Auswandern also so viele Dinge hängen, braucht ihr vor allem Eines: Geduld und Durchhaltevermögen. Wie oben schon erwähnt: Viele Leute geben zu früh auf, weil sich die Sache so lange hinzieht. Bei allen Leuten, mit denen ich gesprochen habe, gab es keinen Einzigen, der für sämtliche Vorbereitungen weniger als ein Jahr gebraucht hat. Das gilt sowohl für Einzelpersonen, Paare, als auch für Familien. Also: Eins nach dem anderen.

Vor allem wenn man direkt mit einem (längerfristig) gültigen Arbeitsvisum einreisen will, muss man etwas Geduld mitbringen. Je nach Visum und wie viele Unterlagen man dafür zusammentragen muss, sowie je nach aktuellem Ansturm auf die Einwanderungsbehörde, dauert so eine Beantragung von einem Arbeitsvisum eigentlich Minimum ein halbes Jahr. Es gab auch schon Zeiten, in denen alleine die Bearbeitungszeit auf Seiten der australischen Einwanderungsbehörde für bestimmte Visas schon bei unglaublichen 2 Jahren und mehr lag. Das kam z.B. daher, dass es vor ein paar Jahren einen ziemlichen *"run"* auf das Partnervisum gab und die Behörden einfach nicht mehr hinterher gekommen sind. Und da sagt man, deutsche Behörden wären langsam.

Learning

Für langfristige Ziele wie das Auswandern nach Australien, muss man unbedingt darauf achten die Motivation aufrecht zu erhalten und sich oft zwischendurch sein persönliches „why" (aus Schritt 2) vor Augen halten. Also: Warum macht man das überhaupt und was wird sich dadurch zum positiven verändern?

Motivationsschub Nr. 1: Trefft euch mit Gleichgesinnten und tauscht euch aus

Natürlich könnt ihr über euer Vorhaben mit Freunden und Familie sprechen. Einen noch viel größen Auf- und Antrieb gibt es euch aber, wenn ihr euch Leute sucht, die das gleiche Ziel verfolgen. Dadurch motiviert ihr euch nicht nur gegenseitig, es macht auch viel mehr Spaß sich mit jemandem auszutauschen, der auf das gleiche Ziel hinarbeitet wie ihr. Probleme mit Leuten zu diskutieren, die sich ebenfalls schon ein bisschen in die Materie eingearbeitet haben ist logischerweise auch irgendwie sinnvoller als der eigenen Großmutter immer wieder erklären zu müssen, dass man in Australien keinen Spinnen zum Opfer fallen wird.

Ein netter Nebeneffekt ist auch, dass gleichgesinnte Australien-Auswanderer sehr wahrscheinlich auch irgendwann dort wohnen werden. Ihr knüpft also praktischerweise gleich Freundschaften für später. So viele Städte gibt es in Australien nicht, da kann es schon schnell mal sein, dass man am Ende in der gleichen Stadt landet. Ein Austausch ist aber vor allem deshalb so wertvoll, weil man bei einem so großen Vorhaben schnell mal das Gefühl haben kann, damit ganz alleine zu sein. Dann fühlt man sich schnell überwältigt von der Größe des Unterfangens und leider haut uns unser Gehirn dann schnell „die Bremse" rein. Damit ihr in so einem Moment jemanden habt, mit dem ihr euch unterhalten könnt, habe ich eine Facebook Gruppe gegründet, in der ihr euch auch einen echten „Sparingpartner" suchen könnt. Also am besten jemand, der in eurer Gegend wohnt und mit dem ihr euch persönlich treffen und austauschen könnt. Oder, falls ihr in der Pampa wohnt, könnt ihr zumindest direkt auf Facebook mit Leuten schreiben.

Schaut auch auf jeden Fall mal in verschiedenen Facebook Gruppen vorbei, in denen sich deutschsprachige Leute über das Thema Australien austauschen. Empfehlen kann ich hierfür z.B. die Gruppe „Auswandern nach Australien" (*4).

Motivationsschub Nr. 2: *Spread the word* - Erzählt möglichst vielen Leuten von eurem Vorhaben

Dieser Punkt ist extrem wichtig, wird aber leider von vielen Leuten unterschätzt. Also: Erzählt JEDEM den ihr trefft von eurem Vorhaben nach Australien auszuwandern. Und wenn ich JEDEM sage, meine ich JEDEM. Eurem Friseur, eurem Sportpartner, eurem Hundesitter. Natürlich nur dann, wenn es sich ergibt, aber meist tut es das im Laufe eines Gesprächs. Dadurch, dass ihr es Leuten erzählt, wird es nicht nur für euch klarer im Kopf und ihr könnt euer Ziel besser „sehen", es werden auch folgende Dinge passieren:

Es werden sich verschiedenste Möglichkeiten auftun. Es wird

(*4) https://www.facebook.com/groups/rausnachaus/

Leute geben, die euch vielleicht plötzlich erzählen, dass sie jemanden kennen, der in Australien wohnt und arbeitet. Zack! Lasst euch die E-Mail Adresse oder Telefonnummer geben und tretet in Kontakt mit dieser Person. Telefoniert mit ihnen, erzählt von eurem Plan, erzählt von eurem Urlaub den ihr geplant habt oder spätestens planen werdet, wenn ihr das nächste Kapitel gelesen habt. Und wenn ihr den Urlaub macht, plant ihr natürlich ein Treffen mit den Kontakten ein, die ihr bisher so in Australien habt.

Motivationsschub Nr. 3: Sucht Leute, die bereits erfolgreich ausgewandert sind

Leute zu kennen, die bereits das erreicht haben, wo ihr gerne hinwollt, ist von unschätzbarem Wert. Sucht nach Menschen, die einen ähnlichen Beruf haben wie ihr oder aber, die privat in einer ähnlichen Situation waren beim Auswandern. Fragt sie doch einfach mal „wie habt ihr es geschafft nach Australien auszuwandern?".

Wenn ihr z.b. Arzt seid, werden euch andere deutsche Ärzte, die bereits in Australien leben und arbeiten, unglaublich wertvolle Informationen geben können was die Jobsuche anbelangt. Vielleicht können sie euch sogar persönlich dabei weiterhelfen. Wenn ihr mit Familie und Kind z.B. nach Melbourne auswandern wollt, bekommt ihr sehr wertvolle Informationen von solchen Familien, die den Schritt bereits gegangen sind. Ihr müsst diese Leute, die eine Art Mentor für euch sein können, nur finden. Heutzutage sollte das aber über Facebook, LinkedIn und Google nicht mehr allzu schwer sein. Es ist natürlich erst einmal ein kleiner Rechercheaufwand, aber es lohnt sich. Scheut euch nicht davor, neue Kontakte mit fremden Menschen zu knüpfen.

Motivationsschub Nr. 4: In euer Auswander-Journal schreiben

Wie bereits im vorherigen Kapitel beschrieben, ist euer Auswander-Journal nicht nur perfekt dafür eure Ziele zu *tracken*. Es wird euch auch dabei helfen die Motivation aufrecht zu erhalten, weil ihr dadurch auch bereits kleine erreichte Erfolge sichtbar machen könnt. Also, hier nochmal der Apell an euch das Journal ganz hinten in diesem Buch anzufangen. Am besten direkt heute.

Motivationsschub Nr. 5: Erstellt ein Visionsbild

Die Jobsuche kann wirklich lange dauern. Extrem viele Leute scheitern an der Tatsache, dass die Zeit sie „mürbe" macht. Sie vergessen im Laufe der Zeit ihr Ziel und die Motivation auszuwandern sinkt. Sie haben kein konkretes Bild im Kopf, wie es sein wird, wenn sie ihr Ziel erreicht haben und in Australien wohnen.

Damit das nicht passiert, fliegt hin, reist herum, lernt Land und Leute kennen und sucht so lange nach DEM Ort an dem ihr leben wollt, bis ihr ihn ausfindig gemacht habt. Euren absoluten Traumort. Wenn ihr ihn gefunden habt, schreibt ihn auf, beschreibt das Haus, in das ihr dort gerne ziehen wollt, beschreibt das Leben, das ihr dort führen werdet.

Zeichnet, auch wenn ihr sagt, dass ihr gar nicht zeichnen könnt, ein Zukunftsbild bzw. ein Visionsbild von euch an diesem Ort. Ganz egal wenn es nur Strichmännchen sind. Hauptsache ihr wisst was es sein soll und wie es dort aussieht und vor allem wie ihr euch fühlen werdet, wenn ihr dort wohnt.
Euer Unterbewusstsein ist unglaublich stark und viel einflussreicher als ihr vielleicht glaubt. Je genauer ihr euer

Ziel vor Augen habt, bildlich (!), je genauer ihr spürt wie es für euch wäre und wie ihr euch fühlen würdet, wenn ihr endlich in Australien wohnt, umso besser. Extrem zu empfehlen ist diese Übung übrigens auch nicht nur für Single-Auswanderer, sondern auch für Paare oder Familien. Mehr dazu in Kapitel 6, in dem es um das "Partner-Problem" geht.

Übung: Visionsbild erstellen

Diese Übung kann man natürlich mehrmals machen und auch dann, wenn ihr bisher noch nie in Australien gewesen seid. Wahrscheinlich wird es sehr interessant für euch sein, wenn ihr die Übung ein Mal jetzt macht, und ein Mal, wenn ihr euch in Australien umgesehen habt.

Nehmt euch ein Blatt Papier und einen Stift und setzt euch in einem ruhigen Moment an einen Ort wo ihr euch wohl fühlt. Schließt die Augen und stellt euch vor, wie es für euch so wäre in Australien zu leben und zu arbeiten. Mit wem ihr dort seid, wo ihr seid, was ihr so macht, wo ihr wohnt, wie ihr euch dort fühlen würdet, wie euer Tag so aussehen würde.

Diese ganzen Dinge, also alles was euch einfällt, malt ihr dann einfach auf das Blatt Papier. Dabei kommt es nicht darauf an, wie gut – oder auch nicht so gut – ihr zeichnen könnt. Ihr müsst es auch niemandem zeigen, ihr zeichnet das nur für euch. Wenn in eurem Visionsbild der Hund wie eine Katze aussieht und der Vogel wie ein Eichhörnchen, egal. Ihr wisst ja, was es darstellen soll. Klebt das Bild dann z.B. hinten ins Journal und schaut regelmäßig darauf. Eine andere Variante ist, das Visionsbild irgendwo bei euch zu Hause aufzuhängen wo ihr es öfter seht. Zum Beispiel am Kühlschrank.

Fehlerquelle Nr. 5

Erster Schritt

Problem

Viele Leute bleiben in der Theorie hängen und machen nie einen ersten konkreten Schritt.

Warum ist das so?

Der erste Schritt ist einfach immer der Schwerste. Ins "tun" zu kommen und seine Ängste und Zweifel hinter sich zu lassen ist immer eines der schwersten Dinge. Gleichzeitig ist es das, was wir schnell mal am liebsten und am längsten aufschieben.

Lösung

Überlegt euch direkt erste Schritte, die ihr machen könnt. Zum Beispiel einen Flug buchen, Urlaub in Australien einplanen, Informationen bzgl. Visum einholen etc.

Foto: Surfer vor Byron Beach, Byron Bay

Von der Schwierigkeit endlich ins "tun" zu kommen

Nicht nur Auswanderer haben dieses Problem, auch Start-Ups, Politiker und Sportler. Eigentlich jeder, der irgendein Ziel verfolgt. Denn an jedem Ziel hängt logischerweise auch ein Startpunkt, an dem man anfängt. Die Herausforderung ist dann, sich nicht nur an diesen Startpunkt zu begeben, sondern auch tatsächlich loszulaufen. Dabei ist der allererste Schritt immer der Schwerste und kostet am meisten Überwindung.

Deshalb hängt die "Fehlerquelle Nr. 5" auch ein bisschen mit dem vorherigen Kapitel "Motivation" zusammen. Denn wen die Motivation verlässt, macht selten den ersten Schritt zur wirklichen Umsetzung. Andersherum kann aber jemand, der einen einzigen, und sei es auch noch so kleinen Schritt auf sein Ziel zu macht, extrem viel Motivation daraus ziehen und die ganze Sache damit wieder ins Rollen bringen.

In meinen Interviews hatten die Leute, die nach Australien auswandern wollen aber aktuell noch in Deutschland wohnen, den hier aufgezeigten "Fehler Nr. 5" fast alle gemeinsam. Viele von ihnen haben angefangen sich online ein bisschen einzulesen aber kommen ansonsten einfach nicht so richtig ins „tun". Meist scheitern sie genau an dem Punkt, wenn es darum geht Geld (und Zeit) in Informationen oder Dienstleistungen zu investieren, die mit dem Traum vom Auswandern zusammenhängen.

Beispiel 1: "Ich war noch nie in Australien"

„Ich liebe Australien. Ich habe schon so viele Dokus darüber gesehen und habe wirklich das Gefühl, dass ich dort hingehöre.

(...) Nein, ich war noch nie dort. Wenn ich rüberfliege, dann will ich, dass ich auch gleich drüben bleiben kann. Der Flug ist ja auch nicht so günstig."

Problem: Person war noch nie in Australien

Zu obigem Beispiel fällt mir eigentlich nur ein, dass es einfach so ist, dass man für manche Ziele im Leben Geld in sich und seinen Traum investieren muss. Ähnliches habe ich ja bereits bei "Fehlerquelle Eins", wo es um das Visum geht, geschrieben. Wer am Anfang kein Geld in einen Einwanderungsanwalt investiert, der stellt sich im Prinzip selber ein Bein.

Generell ist es natürlich auch keine gute Idee in ein Land auszuwandern, das man noch nie mit eigenen Augen gesehen hat. Umso mehr hat es mich gewundert, dass diese Aussage gleich von mehreren der im Interview Befragten kam.

Entweder finden einige den Flug zu teuer - dabei war Fliegen tatsächlich nie günstiger als heutzutage - oder bekommen nicht genug Urlaub, als dass es sich für sie lohnen würde. Trotzdem hören sich diese Dinge in meinen Ohren inzwischen meist vorgeschoben an. Wenn man weiter nachfragt kommt beispielsweise öfter heraus, dass die Leute sich nicht trauen alleine nach Australien zu fliegen oder aber, dass sie auch den Chef noch nie nach einem längeren Urlaub gefragt haben aus der Vermutung heraus, dass dies "sowieso nicht geht".

Natürlich möchte ich nun damit nicht die Leute schlecht machen, die tatsächlich nicht über so viel Geld verfügen, dass sie sich „eben mal" einen Flug nach Australien leisten können. Falls ihr dazu gehört seid bitte an dieser Stelle schon einmal vorgewarnt: Der Flug wird nur die erste höhere Ausgabe sein. In

Australien zu leben ist wirklich teuer. Ihr könnt dort eigentlich nur richtig durchstarten, wenn ihr ein gewisses finanzielles Polster habt. Falls ihr sehr knapp bei Kasse seid, sollte eure erste Priorität sein, sich ein finanzielles Polster anzusparen.

Alternativ kann man, wenn man nicht besonders gut verdient, auch erst einmal überlegen, ob man Geld in sich und sein „Humankapital" investiert. Also in Fortbildungen um mehr berufliches Wissen aufzubauen, mit dem man wiederum eine besser bezahlte Stelle bekommt. Investiert euer Geld, das ihr aktuell habt, so, dass es euch möglichst viel für die Erreichung eures Traums bringt. Auf das finanzielle Thema kommen wir aber sowieso nochmal im Kapitel 7 zu sprechen.

Lösung und erster Schritt: Bucht einen Flug

Wenn ihr noch in einer Festanstellung seid, tragt euch Urlaub ein und plant wirklich ganz konkret und ganz real, dass ihr nach Australien fliegt. Wenn es am Ende noch nicht DER finale Flug nach Down Under ist und ihr erst nochmal wieder zurück nach Deutschland müsst, weil ihr z.B. einfach noch keine Stelle gefunden habt, kein Problem. Es geht nur darum, dass ihr einen ersten Schritt macht und an eurem Traum „dran bleibt". Daher kann der erste Schritt auch durchaus erst mal ein Urlaub in Australien sein.

Vor allem wenn ihr mit Familie auswandern wollt, ist das mehr als sinnvoll, damit wirklich alle in der Familie einmal eine kleine Vorstellung davon bekommen, wie es sich so anfühlt in Australien zu sein. Wie die Leute sind, wie die Kultur dort ist. Prinzipiell ist dieser grundlegende Schritt aber natürlich für jeden ratsam, der mit dem Gedanken spielt nach Australien auszuwandern.

Macht es konkret!

Da ist es schon wieder, das schöne Wörtchen "konkret". Also, wann fliegt ihr das nächste Mal nach Australien und lernt Land und Leute kennen? Und selbst wenn ihr schon dort gewesen seid, wann frischt ihr eure Aussie-Dosis auf?

MEIN NÄCHSTER AUSTRALIEN-AUFENTHALT

Flugdatum: ___________

Ich fliege nach Australien vom __________ bis zum __________.

[ ] Ich fliege mit ____________________

[ ] F*** it, ich fliege alleine!!!

Beispiel 2: "Meine Sprachkenntnisse sind noch nicht gut genug."

"Im Prinzip will ich nach Australien auswandern, seit ich dort das erste Mal in Urlaub war. Ich war damals zusammen mit meinem damaligen Freund dort und ich habe mich sofort in das Land verliebt. Ich habe aber nur einen Realschulabschluss und mein Englisch ist wirklich grottenschlecht. Deshalb kann ich aktuell noch keine weiteren Schritte unternehmen. Mit meinem Englisch würde ich da nicht weiterkommen."

Der Klassiker: Sich selber ausbremsen

Es ist schon interessant, denn dieses Beispiel hier erinnert mich auch schon wieder an die Business-Welt. Hin und wieder gebe ich Leuten, die gerne als Freelancer so wie ich arbeiten wollen, ein paar Hilfestellungen wie und wo sie damit anfangen können. Ein Grund, warum 99% von diesen Leuten nicht schon längst selbständig sind ist, dass sie von sich glauben, noch nicht gut genug dafür zu sein. Die allermeisten glauben, dass ihre beruflichen Fähigkeiten noch nicht dafür ausreichen. Dabei sind ein paar Jahre Arbeitserfahrung völlig ausreichend.

In unserem obigen Beispiel ist es die gleiche Ausrede, nämlich "ich bin noch nicht gut genug". Aber jetzt mal ehrlich, so ziemlich jeder von euch hatte doch ein bisschen Englisch in der Schule. Natürlich ist es eine riesen Überwindung, gerade am Anfang, dann auch wirklich die fremde Sprache zu sprechen. Aber oftmals schätzen wir unsere englischen Sprachkenntnisse selber viel schlechter ein als sie wirklich sind.

Lösung und erster Schritt: Englisch lernen oder aufbessern

Um eurer eigenen Unsicherheit vorzubeugen, fangt ab sofort an euer Englisch aufzubessern. Wie geht das zum Beispiel?

- VHS Kurse
- Tandem Sprachpartner suchen
- Auf internationale Meetups (*5) gehen
- Englische Bücher lesen (für extreme Anfänger sind Kinderbücher auch eine gute Möglichkeit)
- Englische Filme schauen

(*5) https://www.meetup.com

Erste Schritte und bessere Chance auf Erfolg: Die 72-Stunden-Regel

Eine kleine aber interessante Tatsache zum Schluß:

(*6) *To do's und Ziele haben eine wesentlich größere Chance auf eine erfolgreiche Umsetzung, wenn sie innerhalb von 72 Stunden angefangen werden. Nach 72 Stunden sinkt die Wahrscheinlichkeit für eine Umsetzung auf 1%.*

Die Betonung liegt hierbei auf "anfangen". Einen ersten Schritt zu tun ist wesentlich wichtiger, als die Aufgabe sofort abzuschließen oder das Ziel sofort zu erreichen.

(*6) https://karrierebibel.de/72-stunden-regel/

Fehlerquelle Nr. 6

Partner

Problem

Der Partner ist vom Auswandern nicht richtig überzeugt. Ihr zieht Ziele-technisch nicht an einem Strang.

Warum ist das so?

Ungenügende Kommunikation und ungenügender Austausch zwischen den Partnern. Es fehlt das gemeinsame Nachdenken über die Zukunft, gemeinsame Träume und Wünsche.

Lösung

Holt euren Partner mit ins Boot und macht das Auswandern nach Australien euer gemeinsames Ziel. Oder aber vermittelt eurem Partner wenigstens im ersten Schritt anschaulich WARUM euch das Leben in Australien so wichtig wäre und WARUM ihr so überzeugt davon seid.

Foto: The Pinnacles Desert, Western Australia

Wenn der Partner zum Gegenspieler wird

Das, was ich hier quasi so schön als "Partner-Problem" bezeichne, kann im Prinzip für jeden ein Problem sein, der nicht als Einzelperson nach Australien auswandern will. Also wenn ihr mit Ehepartner, Freund oder Freundin, mit Kind oder Kindern oder zum Beispiel euren Eltern nach Australien ziehen wollt.

Hier kann sich ein Problem ergeben, was eigentlich recht logisch ist, jedoch von vielen Leuten ignoriert wird oder einfach nicht gesehen werden will: der Partner oder eben die Person oder Personen, die mit euch nach Australien gehen sollen, sind davon nicht so begeistert und lange nicht so überzeugt wie ihr selber.

Beim Auswandern zusammen mit einem Partner oder der Familie gibt es deshalb zwei Szenarien: Es kann unglaublich hilfreich sein oder es kann euch unglaublich ausbremsen. Welches davon auf euch zutrifft hängt davon ab wie gut ihr miteinander kommuniziert und vor allem, inwiefern ihr gemeinsame Ziele teilt und auch gemeinsam daran arbeitet.

Auswandern mit Partner: Vor- und Nachteile

Beim Auswandern zusammen mit einem Partner entstehen euch hier und da wesentliche Vorteile gegenüber einer Person, die alleine auswandern will. Auf der anderen Seite ist dadurch natürlich einfach eine zweite Person da, die ebenfalls auf alle Dinge, die hier im Buch beschrieben sind, achten muss. Hier mal kurz zusammengefasst, was die einzelnen "Fehlerquellen" pro Kapitel für euch als Paar bedeuten.

Visum

Auch euer Partner braucht Eines bzw. müsst ihr zusammen mit einem Einwanderungsanwalt entscheiden, welches für euch als Familie am besten ist. Bei diesem Punkt habt ihr als Paar normalerweise einen Vorteil gegenüber einem Einzelantragsteller, denn zu zweit habt ihr wahrscheinlich mehr Visa-Möglichkeiten.

"Warum"

Auch für euren Partner muss es ein "warum" geben. Idealerweise ist es das Gleiche wie eures, zwingend notwendig ist es aber nicht.

Ziel

Mit der wichtigste Punkt, wenn ihr einen Partner habt. Ihr müsst euer Ziel zusammen erarbeiten, ansonsten zieht ihr nicht am gleichen Strang was extrem kontraproduktiv ist. Die Zielsetzung ist für eine Einzelperson evtl. einfacher und schneller definierbar. Man ist einfach schneller, wenn man sich nicht mit einer zweiten Person abstimmen muss.

Motivation

Wenn ihr es mit eurem Partner geschafft habt ein gemeinsames Ziel zu erarbeiten, dann habt ihr an diesem Punkt einen Vorteil gegenüber einem Single-Auswanderer. Ihr könnt euch dann nämlich zusätzlich gegenseitig motivieren.

Erster Schritt

Auch hier werdet ihr einen extrem Vorteil haben, wenn ihr einen Partner habt, mit dem ihr das Ziel nach Australien auszuwandern teilt. Den ersten Schritt beim Auswandern zu machen ist wesentlich leichter, wenn man ihn nicht alleine machen muss.

Finanzen

Als Paar habt ihr auch hier einen Vorteil gegenüber einem Single-Auswanderer, wenn ihr Doppelverdiener seid. Klar, wenn zwei Gehälter da sind können auch schneller Geldreserven fürs Auswandern gebildet werden und ein Doppelverdiener-Pärchen in Australien zu sein ist bei den Preisen dort auch nicht verkehrt. (Aber keine Angst liebe Singles, ihr könnt es auch alleine schaffen.)

Arbeitssuche

Die Arbeitssuche kann in Australien für Familien stressig sein. Zu zweit ist man auch immer etwas unflexibler, da man wahrscheinlich zwei Jobs in der gleichen Stadt sucht und dadurch nicht die Möglichkeit der ultimativen, ortsunabhängigen Arbeitssuche wie ein Einzelstehender hat.

Gehalt

Als Doppelverdiener habt ihr hier als Paar mit Sicherheit einen finanziellen Vorteil gegenüber einem Single-Auswanderer.

Erwartungen

Beim Thema Erwartungen macht es eigentlich keinen Unterschied ob ihr alleine oder mit Partner auswandert.

Beispiel von jemandem, der gerne auswandern will, aber ein "Partner-Problem" hat

"Ich bin verheiratet, habe zwei Kinder und will unglaublich gerne nach Australien auswandern. Die Kids wären sofort mit dabei, die fanden die Idee super. Allerdings weiß ich, dass mein Mann nicht sonderlich davon begeistert ist. Er ist ziemlich heimatverbunden und war auch noch nie in Australien. Ich habe Angst, dass es ihm dort dann nicht gefällt oder sogar unsere Ehe daran scheitert."

Wie holt man den Partner am besten ins Boot?

In obigem Beispiel würde sich wahrscheinlich anbieten, zuerst einmal zusammen mit dem Partner und den Kindern nach Australien in den Urlaub zu fliegen. Quasi um zu versuchen dem Partner anschaulich klar zu machen, warum man so begeistert von der Idee ist, in Australien zu leben. Manchmal reicht das ja schon um den Partner zu "bekehren".

Am wichtigsten ist aber, dass ihr unbedingt eure gegenseitigen Zweifel und Ängste kennt, wenn es ums Thema Auswandern geht. Wenn ihr die Zweifel eures Partners nicht mindestens genau so ernst nehmt wie eure eigenen, werdet ihr zusammen auf Dauer nicht glücklich in Australien.

Bearbeitet einige Themen hier in diesem Buch zusammen

Das Allerwichtigste, wenn ihr zusammen mit eurem Partner (und vielleicht euren Kindern) auswandert, ist, dass ihr alle eine gemeinsame Vision von eurer Zukunft habt. Ihr müsst ganz unbedingt ein gemeinsames Auswander-Ziel festlegen und über eure jeweiligen "warums" sprechen.

Ich denke man könnte es sogar auf ein einzelnes Wort herunterbrechen, wenn es um die Frage geht, was man beachten muss, wenn man mit Partner oder Familie auswandern will: Kommunikation.

Woran Pärchen und Familien beim Auswandern nach Australien gescheitert sind

- Schlechte und nicht eindeutige Kommunikation und Mißverständnisse.
- Hatten nicht das gleiche Bild im Kopf wenn sie vom "Auswandern nach Australien" sprachen.
- Hatten nicht den gleichen Zeithorizont bzgl. "leben in Australien" im Kopf.
- Die Partner haben nicht genug auf die Zweifel und Ängste des jeweils Anderen geachtet und sind nicht genug darauf eingegangen.
- Einer der beiden hatte es extrem schwer einen Job in Australien zu finden und musste Karriererückschläge und weniger Gehalt in Kauf nehmen was für diese Person extrem demotivierend war und in einer Rückkehr nach Deutschland endete.

Was könnt ihr konkret tun?

- Die beste und sozusagen vorbeugende Maßnahme: Das Auswander-Journal zusammen schreiben. Wenn ihr euch jeden Tag, und sei es auch nur 5 Minuten, kurz zusammensetzt und mit Hilfe eures Auswander-Journals an eurem Ziel arbeitet, werden viele Probleme gar nicht erst entstehen.
- Euch regelmäßige Termine setzen in denen alle Personen, die mit auswandern sollen, an einem Tisch sitzen und den aktuellen Stand der Dinge diskutieren.
- In regelmäßigen Terminen die Zweifel und Ängste aller "Mitauswanderer" auf den Tisch legen, anhören, ernst nehmen und zusammen nach Lösungen suchen.
- Ein gemeinsames Visionsbild zeichnen oder malen wie in Kapitel 4, "Motivation", beschrieben. Ein Visionsbild zusammen zu erstellen macht Spaß und hilft euch dabei eure gemeinsame Vorstellung sichtbar zu machen. Gemeinsam an ein und demselben Ziel zu arbeiten ist unglaublich motivierend und bringt euch extrem weiter.

Fehlerquelle Nr. 7

Finanzen

Problem

Durch zu wenig Geldreserven beim Auswandern in Billigjobs und Unzufriedenheit schlittern.

Warum ist das so?

Australien ist teuer und ohne ein gewisses Geldpolster ist der Start dort sehr schwer.

Lösung

Vor dem Auswandern die Geldreserven aufbauen und Wissen darüber aufbauen, wie viel Geld man dort zum leben braucht und mit welchem Gehalt man rechnen kann.

Foto: Traffic sign along the Great Northern Highway, Western Australia

TRAFFIC
HAZARD

Das liebe Geld

Einer der größten Fehler, die ihr beim Auswandern machen könnt ist, einfach so nach Australien zu gehen ohne irgendwelche finanziellen Reserven zu haben. Man hört es immer wieder und ich kann es persönlich auch nur so bestätigen: Das Leben in Australien ist teuer.

Don't get me wrong. Spontan sein ist normalerweise super, aber wenn es ums Auswandern geht und darum, wie die eigenen Finanzen aufgestellt sein sollten, dann bringt Spontanität meist nur Probleme.

Folgendes Fallbeispiel handelt von einer Person, die mit einem Travel & Work Visum nach Australien gegangen ist. Es gilt prinzipiell aber eins zu eins für alle Leute, die irgendeine Art von australischem Arbeitsvisum haben, aber fast keine finanziellen Rücklagen.

FALLBEISPIEL

Marc (29) berichtet:

"Ich bin mit einem Travel & Work Visum nach Australien geflogen. Ich war Berufsanfänger und hatte bisher nie den Fokus darauf gelegt ein finanzielles Polster anzusparen. Den Flug nach Australien konnte ich mir ohne Probleme leisten, hatte dann aber nur noch 2000 Euro auf meinem Bankkonto, als ich in Australien angekommen bin. Durch meine geringen finanziellen Reserven war ich gezwungen, mir sehr schnell einen Job in Australien zu suchen. Dabei konnte ich erst mal nicht wählerisch sein und habe genommen was ich kriegen

konnte. Um die teure Miete zahlen zu können, habe ich mich die ersten Monate mit Nebenjobs durchgeschlagen. Diese brachten mir aber nicht genug Geld ein um etwas davon sparen zu können. Das Geld kam sozusagen rein und ging sofort wieder für verschiedene Ausgaben raus.

Ich wollte eigentlich auch gerne länger in Australien bleiben und nicht nur das eine Jahr Travel & Work. Deshalb habe ich parallel versucht mich auf richtige Jobs zu bewerben. Ein paar Jahre Berufserfahrung hatte ich ja schon und mein Beruf stand auch auf der Liste für ein Sponsorship. Durch meine Nebenjobs hatte ich aber kaum Zeit um mich wirklich um die Suche nach einem "richtigen Job" zu kümmern weil ich sehr oft arbeiten musste und versucht habe, möglichst viele Schichten aus Aushilfe mitzunehmen. Dann hatte ich außerdem das Problem, dass ich quasi nur in der Stadt, in der ich damals aktuell gewohnt habe, nach einer Festanstellung suchen konnte.

Theoretisch hätte ich wahrscheinlich viel bessere Jobmöglichkeiten und Chancen gehabt, wenn ich mich australienweit auf Jobs hätte bewerben können. Hierbei habe ich mich aber schwer getan, da ich eventuell anfallende, persönliche Vorstellungsgespräche in anderen Städten gar nicht hätte wahrnehmen können. Ich hätte mir schlicht den Flug und die Reisekosten nicht leisten können. Außerdem war es zeitlich kaum mit meinen Nebenjobs zu vereinbaren, bei denen ich quasi immer verfügbar sein musste um weitere Schichten zugeteilt zu bekommen. Ich hatte das Gefühl, dass ich mich unabsichtlich irgendwie in eine Sackgasse manövriert hatte.

Das war schon echt anstrengend und hat meine Zeit in Australien zu einer nicht besonders schönen Erfahrung gemacht. Die Zeit war im Prinzip geprägt von Geldnot und den Druck, endlich eine Anstellung in meinem eigentlichen Job zu finden. Nach 9 Monaten war ich so frustriert, dass ich die Reißleine gezogen habe und erst mal wieder nach Deutschland zurückgegangen bin."

Wie viel Geld sollte man haben?

Als Daumenregel kann man sagen, dass ihr 4 - 6 Monate ohne Einkommen in Australien leben können solltet. Wie viel Geld das genau ist, hängt dabei natürlich davon ab, wie eure familiären Verhältnisse sind und wie hoch eure Lebensstandards sind. Hier mal ein paar Beispiele, damit ihr besser einschätzen könnt, über welche Summen wir dabei reden.

Eventuell sieht die Situation etwas anders aus, wenn ihr mit bereits unterschriebenem Arbeitsvertrag nach Australien geht. Trotzdem braucht ihr auch dann Rücklagen für viele Kosten, die gerade anfangs auf euch zukommen werden wie z.B. die Wohnungskaution etc.

Einzelperson: Lebenshaltungskosten eines Singles (in Melbourne)

- Miete für ein Zimmer in einer WG: $AUD 820 Kaltmiete + $AUD 80 Nebenkosten für Strom, Wasser und Gas
- Ausgaben für Lebensmittel und Essen gehen: $AUD 800
- Handy und Internet zu Hause: $AUD 50
- *Public Transport* (Bahn, Tram, Bus): $AUD 140
- Private Krankenversicherung: $AUD 250

Lebenshaltungskosten in Australien für einen Single pro Monat: $AUD 2.140
(Das sind ca. $AUD 70 pro Tag oder $AUD 25.680 im Jahr)

Paar: Lebenshaltungskosten für ein Paar (an der Sunshine Coast)

- Miete für ein Haus: $AUD 1800 Kaltmiete + $AUD 140 Nebenkosten für Strom, Wasser und Gas

- Ausgaben für Lebensmittel und Essen gehen: $AUD 1200
- Handy und Internet zu Hause: $AUD 120
- Transport (Auto) inkl. Benzin, Reparaturen & *Rego*: $AUD 500
- Krankenversicherung & sonstige Versicherungen: $AUD 420

Lebenshaltungskosten in Australien für ein Paar pro Monat: $AUD 4.180
(Das sind ca. $AUD 137 pro Tag oder $AUD 50.160 im Jahr)

Familie: Lebenshaltungskosten für eine Familie mit einem Kind (in Brisbane)

- Miete für ein Haus: $AUD 2400 Kaltmiete + $AUD 250 Nebenkosten für Strom, Wasser und Gas
- Ausgaben für Lebensmittel und Essen gehen: $AUD 1.300
- Handy und Internet zu Hause: $AUD 100
- Transport (1 Auto, 2 Motorräder) inkl. 3 x Registrierung (*Rego*), 2 x Versicherung und Benzin: $AUD 450
- Private Krankenversicherung: $AUD 220
- Schulkosten: $AUD 400
- Hausrat Versicherung: $AUD 80

Lebenshaltungskosten in Australien für eine Familie pro Monat: $AUD 5.200
(Das sind ca. $AUD 171 pro Tag oder $AUD 62.400 im Jahr)

Was sollte und kann man in Australien verdienen?

Aus den oben genannten durchschnittlichen Ausgaben, lässt sich nun auch berechnen, was man in Australien mindestens verdienen sollte um gut über die Runden zu kommen.

Nötiges Durchschnittseinkommen in Australien als Single

Rechnet man alle obig genannten Ausgaben zusammen, kommt man jährlich auf $25.680 für eine Person, die recht sparsam in einer WG wohnt. Wenn man alleine in einer kleinen Wohnung wohnt ist man eher bei $35.000 jährlich.Lebt man in Sydney statt in Melbourne sind es plötzlich $40.000 jährlich.

Unnötig zu sagen, dass es natürlich auch auf den eigenen Lifestyle ankommt und auf die eigenen Prioritäten, wie viel man für was ausgibt. Rein zum überleben ist man aber mit ca. $2.200 bis $3.000 pro Monat als Single dabei.

Bei den Löhnen kommt es sehr drauf an, in welcher Branche man arbeitet und ob man Berufseinsteiger ist. Das Durchschnittseinkommen in Australien liegt in Melbourne im Schnitt zwischen $70.000 und $80.000 pro Jahr. Damit kommt man als Alleinstehender definitiv gut über die Runden. Aus eigener Erfahrung kann ich sagen, dass es sich auch mit einem Gehalt von $60.000 leben lässt. Viel sparen oder gar Geld beiseite legen geht davon aber nicht.

Nötiges Durchschnittseinkommen in Australien als Familie

Wenn man Kinder hat, häufen sich die Ausgaben schnell und man ist, wie auf der vorherigen Seite vorgerechnet, schnell bei jährlichen Ausgaben von rund $62.000. Wie gesagt sind in dieser Rechnung aber nur die grundlegendsten Dinge enthalten. Ich schätze, man kann leicht noch einmal $10.000 bis $20.000 addieren für ungeplante Ausgaben, Ausflüge, Anschaffungen für zu Hause und so weiter.

In vielen Familien reicht es deshalb nicht, wenn nur ein Elternteil einen Vollzeit Job hat. Selbst mit einer guten Bezahlung um die $80.000 oder $90.000 kann es am Ende knapp werden, wenn man eine Familie zu ernähren hat. Ingesamt braucht man in Australien als Familie ein Gesamteinkommen von mindestens $100.000 bis $120.000. Dabei ist es natürlich egal ob dieses Einkommen durch ein einziges Gehalt oder durch zwei Gehälter zusammenkommt. Jedenfalls kann man als Familie nur damit einigermaßen gut leben ohne auf jeden Cent achten zu müssen.

In Kapitel 9 findet ihr nochmal mehr Informationen zum Thema Gehalt und wie viel man in welcher Branche im Schnitt in Australien verdient.

Fehlerquelle Nr. 8

Arbeits-suche

Problem

Leute beschränken sich bei der Jobsuche auf Stellen, die online ausgeschrieben sind und gehen ausschließlich den klassischen Bewerber-Weg.

Warum ist das so?

Wir sind es so gewohnt. Meist fehlt das Wissen, dass es in anderen Ländern auch anders funktionieren kann.

Lösung

Den *Hidden Jobmarket* nutzen, kreativ werden und sich nicht scheuen unkonventionelle Wege bei der Jobsuche zu gehen. Keine Möglichkeit auslassen.

Foto: Plants at the beach, Western Australia

Die Suche nach der Festanstellung

In meiner Zeit in Australien habe ich selber viel Erfahrung darin gesammelt was es heißt, als Ausländer auf Jobsuche zu sein. Ich habe (gefühlt) eine Million Bewerbungen geschrieben, mich durch Bewerbungsgespräche gekämpft und versucht, mich möglichst gut zu verkaufen.

Am Ende habe ich es erfolgreich geschafft eine Festanstellung zu finden, was es mir wiederum ermöglicht hat längerfristig in Australien zu leben und zu arbeiten. Allerdings war dabei keine meiner standardmäßigen Bewerbungen auf online ausgeschriebene Stellen erfolgreich. Ich habe meinen Job im Endeffekt über Kontakte gefunden, die ich vor Ort in Melbourne geknüpft hatte. Die endgültige Jobanfrage kam dann sogar komplett unerwartet über eine Twitter-Nachricht bei mir an. (*7) Durch meinen eigenen, nicht gerade standardmäßigen Weg zur Festanstellung bin ich deshalb neugierig geworden, wie das bei anderen Leuten gelaufen ist. In meinen Interviews mit deutschsprachigen Auswanderern habe ich explizit nachgefragt, wie sie es geschafft haben ihren Job in Australien zu finden. Eine Tatsache stach danach ganz besonders ins Auge:

Nur ca. 3% aller Befragten hatten ihre Anstellung in Australien durch eine standardmäßige Bewerbung auf einen online ausgeschriebenen Job erhalten!

Jobsuche mit Standard-Bewerbung

Die Standard-Bewerbung kann zum Erfolg führen, keine Frage. Wenn ich von „Standard Bewerbung" spreche, meine ich damit

---

(*7) Mein persönlicher Weg zur Festanstellung in Australien: https://www.rausnachaus.com/wie-ich-zum-457-visum-kam/

folgendes: Man sucht nach Jobs, die ausgeschrieben sind und bewirbt sich dann darauf. Die Stellenangebote sind dabei meistens auf großen online Portalen oder auf der Webseite des Unternehmens zu finden.

Wann und wieso ist die Standard-Bewerbung gerade für ausländische Bewerber ein Problem?

Bei der Standard-Bewerbung ergibt sich für euch folgendes Problem: wenn die Stellenausschreibung online zu finden ist, habt ihr sofort ziemlich viele Mitbewerber. Vor allem wenn eine Stelle auf Australiens größtem Jobportal seek.com.au auftaucht, heißt es "Achtung, Massenbewerber-Alarm". Mich erinnert das immer ein bisschen an die Wohnungssuche in München.

Ich komme zum "Sammeltermin" und sehe schon von weitem die Bewerberschlange, die aus der Haustür hinaus, bis an die nächste Straßenecke reicht. Und das, obwohl die zu besichtigende Wohnung im 5. Stock liegt. Einige der Wartenden haben Kaffeebecher in der Hand. Sie warten dort wohl schon länger. Ich überlege kurz. Soll ich mir die Horde Wartender wirklich antun? Leider muss man in München jede Chance, eine Wohnung zu bekommen, nutzen, und sei sie auch noch so klein. Ich stelle mich ganz hinten in der Schlange an. Der Typ vor mir hat seinen Hund dabei der jetzt abschätzend zu mir hochsieht, sein Beinchen hebt und mir gegen den Schuh pinkelt. Wenigstens ist es dem Typen vor mir peinlich und er entschuldigt sich tausend mal. Der Hund hat einen freudigen Ausdruck auf dem Gesicht. Unglaublich. Ich tröste mich damit, dass dieser Typ die Wohnung sehr wahrscheinlich schon mal nicht bekommen wird. Ich bemerke, dass sich auch ernst zu nehmende Konkurrenz unter den Wartenden in Form von ein paar Leuten befindet, die aussehen, als würden sie bei einer sehr teuren Modemarke arbeiten. Wenigstens pinkelt der

Hund im Laufe der gesamten Wartezeit auch einem von ihnen an den geschniegelten Lederschuh. Eine geschlagene Stunde später befinde ich mich dann tatsächlich in der zu besichtigenden Wohnung. Ich robbe mich durch die Menschenmassen von Zimmer zu Zimmer und versuche einen groben Überblick zu bekommen. Sieht ganz gut aus im großen und ganzen. In einer Ecke mache ich den Makler aus, der hier und da noch Fragen beantwortet aber hauptsächlich einfach nur die Bewerbungsunterlagen aller Leute entgegennimmt. Ja ich weiß, das hier ist kein Vorstellungsgespräch. Leider braucht man in München für die Wohnungssuche neben den üblichen Einkommensnachweisen inzwischen tatsächlich einen Lebenslauf und am besten noch ein Anschreiben mit großem Foto. Natürlich lächelt man darauf total sympathisch und entspannt in die Kamera und hat seinen besten "eigentlich brauche ich die Wohnung gar nicht so dringend"-Ausdruck auf dem Gesicht. Ich drücke dem Makler meine Bewerbungsunterlagen in die Hand und er blättert sie kurz durch. Als er fragt ob ich Haustiere habe schüttle ich energisch den Kopf. Nein, natürlich nicht. Ich klassifiziere meine Antwort als absolut korrekt, denn mein Hund ist ein Familienmitglied und definitiv kein H a u s t i e r. Ob ich Raucher bin? Nein. Jedenfalls heute nicht. Musikinstrumente? Ha! Ich kann ja nicht mal Noten lesen. Er scheint zufrieden mit meinen Antworten. Sehr gut. Meine Mappe wandert als Neuzugang auf den Bewerbermappen-Stapel, der, an seiner Höhe geschätzt, bereits um die 70 Bewerbungen enthält. Puh. Bevor ich mich wieder aus dem Staub mache, versuche ich das Augenmerk des Maklers noch auf meine ungewöhnlichen Hobbies zu lenken. Putzen ist schließlich unglaublich entspannend. Quasi das neue Yoga, versichere ich ihm. Und Schneeschaufeln im Winter. Ein Traum. Und so praktisch, weil man sich dadurch gleich das Fitness Studio sparen kann. Er nickt unbeeindruckt. Schnösel. Als das Doppel-Verdiener-Pärchen im Partner-Business-Look den Raum betritt und großspurig verkündet, dass sie diese traumhafte, zentral gelegene Wohnung unbedingt brauchen, weil sie beide praktischerweise direkt um die Ecke in einer renommierten Anwaltskanzlei arbeiten, gebe ich mich für heute geschlagen. Auf dem Weg zum Ausgang versuche ich dem Pinkelhund noch ein paar geheime Zeichen zu geben und beschließe dann, die Wohnungssuche das nächste Mal anders anzugehen.

Und genau so, wie bei dieser Wohnungsbesichtigung, ist es, wenn man sich auf eine Stelle in Australien bewirbt, die auf einer großen Jobplattform ausgeschrieben war. Die Wahrscheinlichkeit, dass es bei den restlichen Bewerbern jemanden gibt, der einfach besser qualifiziert ist, ist ziemlich hoch. Vor allem, wenn man sich als Ausländer bewirbt, der noch keine Arbeits- oder Aufenthaltserlaubnis hat.

Ihr müsst es irgendwie schaffen positiv aus der Menge herauszustechen und mit Dingen punkten, bei denen die (einheimische) Konkurrenz nicht mithalten kann. Ich kenne z.B. einige Fälle, in denen die deutschen Sprachkenntnisse für Firmen attraktiv waren, und die deshalb Sponsorships angeboten haben.

Trotzdem gilt generell: Wenn ein Job erst mal online ausgeschrieben ist, müssen wir uns als ausländische Bewerber gegen eine Vielzahl Australier und z.B. auch Neuseeländer (für die Australien auch ein beliebter Arbeitsort ist) durchsetzen. Das ist oft nicht leicht, denn die Anderen haben viele Vorteile:

- Sie sind schon in Australien und ihr vielleicht noch nicht.
- Ihr Englisch ist auf Muttersprachler-Niveau.
- Sie brauchen nicht extra noch ein Visum oder ein Sponsorship um in Australien arbeiten zu dürfen.

Folglich gilt: Bei Jobs, die öffentlich auf großen Jobplattformen ausgeschrieben sind, habt ihr einfach keine besonders große

Chance auf Erfolg. Die gute Nachricht ist aber, dass der australische Arbeitsmarkt in vielen Bereichen und an vielen Orten (Australien ist schließlich groß) tatsächlich nicht gesättigt ist. Es gibt also offene Stellen, die "einfach so unbesetzt herumliegen". Vor allem in den ländlicheren Gebieten. Jetzt muss man sie nur noch finden. Darauf geht der, im nächsten Kapitel beschriebene Teil über den "*Hidden Market*" ein.

Bevor wir dazu überleiten, möchte ich aber noch kurz eine Ausnahme erwähnen, wann die Standard-Bewerbung doch erfolgreich sein kann. In sehr gefragten Berufsbereichen, also dort wo es aktuell einfach viel zu wenige professionelle Arbeitskräfte in Australien gibt, kann dies trotzdem funktionieren. Die Berufe, die momentan extrem in Australien gesucht sind, spiegeln sich auch in der *Skilled Occupation List (*8)* wieder, die jährlich aktualisiert wird. Wenn euer Beruf auf dieser Liste steht, habt ihr die Möglichkeit euch auf ein permanentes Arbeitsvisum zu bewerben.

Australien bietet also Leuten mit entsprechend gesuchten *Skills* und Arbeitserfahrung eine sehr gute „Eintrittskarte" ins Land an. Seht euch die *Skilled Occupation List* also einfach einmal an. Sie wird jährlich vom *Immigration Department* aktualisiert. Je nachdem wie sich die Wirtschaft und die Nachfrage in Australien nach dem entsprechenden Beruf so entwickelt, ergeben sich dann Änderungen. Meist ist es tatsächlich so, dass ein paar Jobs von der Liste gestrichen und durch andere Berufe ersetzt werden. Für das Land prinzipiell ein schlaues System.

(*8) Mehr Informationen zur *Skilled Occupation List* findet ihr auf der Webseite der australischen Einwanderungsbehörde (um zur Liste zu kommen müsst ihr ein wenig auf der Seite runterscrollen) https://immi.homeaffairs.gov.au/visas/working-in-australia/skill-occupation-list

Sollte euer Beruf dort gelistet sein, dann könnt ihr die Jobsuche tatsächlich erst einmal über die typische Standard-Bewerbung angehen. Falls dies so ist, ist hier eine Liste der größten Jobbörsen:

www.seek.com.au
Die größte und bekannteste australische Jobbörse im Internet. Als Bewerber muss man dazu allerdings wissen, dass sich hier hauptsächlich *Recruiter* herumtreiben und nur recht wenige Stellen direkt von Firmen ausgeschrieben werden. Stöbert trotzdem einmal, was die Seite für euren Jobbereich so bietet.

https://jobsearch.gov.au/
JobSearch ermöglicht die kostenlose Stellensuche auch für ausländische Bewerber. Die Seite ist ein Projekt der australischen Regierung. In der Regel sind unter anderem alle zu besetzenden Stellen im öffentlichen Dienst hier ausgeschrieben. Eine Registrierung und Kriteriensuche sind möglich.

www.careerone.com.au
CareerOne ist seit 1999 eine der meist frequentierten Stellenbörsen Australiens und seit 2008 Tochter der amerikanischen Monster.com. Neben Stellenausschreibungen finden sich auf den Seiten von CareerOne auch Tipps zur Stellensuche und Unternehmensprofile. Die Website ist ein guter erster Anlaufpunkt, um sich einen Überblick über den australischen Arbeitsmarkt zu verschaffen.

https://au.jora.com/
Jora ist eine der neueren Plattformen für die Jobsuche in Australien und durchkämmt den Internet Jobangebote-Dschungel für euch.

www.unijobs.com.au
Unijobs hat offene Stellen im tertiären Bildungsbereich an Universitäten und Hochschulen in Australien, Neuseeland und einigen Pazifikinseln.

au.indeed.com/
Auf Indeed sind leider die meisten Stellen, ähnlich zu seek.com.au, von Jobvermittlungsagenturen ausgeschrieben. Es lohnt sich aber trotzdem reinzuschauen und eventuell einen automatischen Reminder für neu reinkommende Jobangebote für euren Berufsbereich zu setzen.

www.internships.com.au
Hier werdet ihr fündig, wenn ihr auf der Suche nach Praktika in Australien seid.

TIPP: Um euch zu ersparen, jeden Tag wieder die Seiten besuchen und nach neu geschalteten Jobangeboten suchen zu müssen, gibt es bei den meisten Jobportalen einen Trick. Das recht selbsterklärende *Feature* heißt meistens sowas wie "*Send me new jobs via email*". Ihr gebt einfach eure Email Adresse an und bekommt neue Jobs, in den von euch gewählten Bereichen, bequem per E-Mail zugestellt. Meistens, so zum Beispiel auch auf seek.com.au, muss man sich dafür anmelden. Dadurch habt ihr die Chance schnell auf neu eingestellte Jobangebote reagieren zu können und zu den ersten Bewerbern zu gehören.

Stellenangebote nur für "*citizens*" - trotzdem bewerben?
In fast jeder Stellenanzeige wird darauf hingewiesen, dass ihr euch nur bewerben könnt, wenn ihr eine entsprechende Arbeitsgenehmigung für Australien habt. Lasst euch davon aber nicht zu sehr abschrecken: Wenn ihr das Unternehmen überzeugt, wird sich ein Weg finden lassen, euch für ein Visum und eine damit verbundene Arbeitserlaubnis zu sponsern.

Den *Hidden Job Market* nutzen

Hidden... what? Was soll das sein? Wir haben uns nun gerade also vor Augen geführt, warum es so schwierig ist, für uns als Ausländer eine Festanstellung in Australien zu finden. Also aufgeben? Natürlich nicht. Wir müssen einfach nur ein bisschen smarter an die Sache herangehen als Andere. Wie viele Jobs werden denn täglich in Australien so vergeben? Richtig - wahrscheinlich ganz schön viele.

Und wie viele davon werden vergeben, indem Anzeigen online auf Jobportalen geschaltet werden? Wahrscheinlich ein großer Teil aber, und das ist ganz wichtig, eben nicht 100%. Ein anderer, übrigens auch ziemlich großer Teil, wird nämlich niemals ausgeschrieben.

Da ich, wie ihr inzwischen ja wahrscheinlich schon gemerkt habt, den Vergleich mit Wohnungen liebe: Ich habe meine letzte Wohnung in München sozusagen auf dem "hidden Wohnungsmarkt" gefunden. Die Wohnung war leerstehend aber einfach von der Hausverwaltung noch nicht ausgeschrieben worden. Ich war deshalb der erste und einzige Bewerber darauf, als ich die Hausverwaltung auf gut Glück angeschrieben habe. Nur weil ich selber in die aktive Suchrolle übergegangen bin, habe ich die Wohnung bekommen. (Übrigens auch noch inklusive offizieller Haustiererlaubnis. Ich musste also nicht mal erklären, warum eines meiner Familienmitglieder so viele Haare hat.)

Und genau das Gleiche klappt bei Jobs auch. Theoretisch natürlich nicht nur in Australien, sondern auch in anderen Ländern. Der Schlüssel dafür ist, von der passiven in die aktive Suche zu wechseln. In einer passiven Suchrolle seid ihr, wenn ihr quasi darauf wartet, dass Angebote zu euch kommen bzw., dass Jobangebote generiert und öffentlich gemacht werden. Ihr macht die Jobausschreibung also abhängig davon, dass die HR-Abteilung einer Firma erst einmal in die Gänge kommt, und eine freie Position im Unternehmen ausschreibt.

Wenn ihr nun aber in die Rolle des aktiv Suchenden schlüpft, habt ihr die Möglichkeit die freie Stelle bereits zu entdecken und zu besetzen, bevor sie jemals bei der HR-Abteilung und damit auch auf irgendeinem Jobportal landet.

Das nennt sich doch dann... Innitiativbewerbung?

Jetzt werden sich einige von euch sicherlich denken, "ja klar, kenn ich doch schon längst. Das ist doch dann ganz einfach eine Innitiativbewerbung."

Die Antwort darauf ist aber: nein, es handelt sich eben nicht nur um Innitiativbewerbungen. Eine Innitiativbewerbung ist nur eine von vielen Lösungen, wie man an so einen Job, der noch nicht ausgeschrieben ist, kommen kann. Vielmehr geht es darum, verschiedenste Taktiken aktiv anzuwenden, um die Chancen zu erhöhen, irgendwann auf einen oder mehrere solcher *hidden gems* zu stoßen.

Um zu verstehen, welche Taktiken es gibt müssen wir nochmal einen Schritt zurück machen und uns die Frage stellen: Was ist denn eigentlich der Grund dafür, dass eben nicht alle offenen Jobs online ausgeschrieben werden?

Warum sind einige Stellen nicht auf Jobportalen ausgeschrieben?

Dafür gibt es verschiedene Gründe. Hier ein paar Beispiele:

- Der Bewerbungsprozess über online Bewerbungen ist langwierig und teuer für ein Unternehmen. Es müssen viele Bewerber gesichtet, eingeladen und befragt werden, bis am Ende einer davon ausgesucht wird. Manche Unternehmen bevorzugen es deshalb, Stellen über Empfehlungen zu besetzen oder fragen sogar ihre Angestellten, ob sie jemanden kennen, der auf den Job passen könnte. Dadurch hat das Unternehmen außerdem gleich noch den Vorteil, dass die Angestellten natürlich tendenziell Leute empfehlen, mit denen sie selber gerne zusammenarbeiten. Manchmal können sich die Angestellten mit so etwas sogar einen Bonus verdienen. Die Praxis, Jobs durch Empfehlungen bzw. private Kontakte zu vergeben ist also durchaus nicht unüblich und weiter verbreitet als man denkt.
- Die Firma hatte einfach noch keine Zeit den Job auszuschreiben. Es gibt aber bereits Leute in der Firma die wissen, dass der Job bald ausgeschrieben wird.
- Einige Stellen in Firmen sind zwar vakant, aber es gibt aktuell einfach keine drängende Notwendigkeit sie sofort wieder zu besetzen. Es wird dann einfach erst einmal gewartet, bis die Suche akut wird oder eine Initiativbewerbung ins Haus flattert.

Was ist also der Schlüssel um noch nicht ausgeschriebene Stellen zu finden?

Oder anders gefragt: Wie könntet ihr nun also von diesen noch nicht offiziell ausgeschriebenen Stellen erfahren, bevor Andere es tun? Richtig, durch Kontakte. Also durch Leute, die bereits bei diesen Firmen arbeiten. Oder durch Leute, die solche Leute kennen. Vielleicht am Ende auch über drei oder vier Ecken.

Das große Zauberwort heißt also "Networken". Auch hierfür gibt es ganz verschiedene Taktiken und Herangehensweisen, wovon ich euch gleich im Anschluss einige vorstellen werde. Grundsätzlich solltet ihr jetzt aber den generellen Ansatz schon mal verstanden haben: Wenn man als Ausländer bei der Jobsuche in Australien ein bisschen kreativer und aktiver ist als die Mitbewerber, dann hat man viel bessere Chancen am Ende erfolgreich damit zu sein.

Knüpft so viele Kontakte in Australien wie möglich

In Deutschland sagt man immer, dass vieles über „Vitamin B" läuft, also über Bekannte, Kontakte, Networking. In Australien ist das auch so aber noch um ein vielfaches ausgeprägter. Das ist eine Tatsache die wirklich extrem unterschätzt wird und bei Deutschen auch oft schlichtweg nicht bekannt ist. Unter anderem, weil wir unsere Jobs eben doch häufig über die "normale Stellenanzeige" finden. Wir sind in Deutschland aber eben auch keine Ausländer. Wenn wir Ausländer wären, würden wir eventuell auch versuchen unseren Mitbewerbern zuvor zu kommen um unsere Chancen zu erhöhen. Das haben wir aber in Deutschland meistens nicht nötig. Eben weil wir, genau wie die Australier in Australien, den Vorteil haben, dass wir unsere Sprache perfekt sprechen und auch vor Ort sind und direkt zum Bewerbungsgespräch kommen können wenn nötig.

Natürlich spielt es eine Rolle wie gut man in seinem Job ist, aber eine fast ebenso große Rolle spielen in Australien Empfehlungen. Das sieht man allein daran, dass bei jeder normalen Bewerbung 2-3 *References* gefragt sind. Das sind Leute wie z.B. eure früheren Chefs, die bezeugen können, dass ihr gut arbeitet und auch wirklich das macht, was in eurem Lebenslauf steht.

Ich konnte mir anfangs nicht vorstellen, dass Australier dann auch wirklich beim vorherigen oder aktuellen Arbeitgeber anrufen würden, um sich mit dem aktuellen oder ehemaligen Chef über mich zu unterhalten. In meiner Zeit in Australien habe ich aber gelernt, dass es tatsächlich so ist. Die Australier nehmen wirklich den Hörer in die Hand und rufen dort an. Vielleicht nicht immer bei allen 3 *References,* aber bei dem ein oder anderen schon.

Umso weniger Städte, umso wertvoller das Networking

Es gibt noch einen anderen Grund, warum Networking in Australien "wertvoller" ist als in Deutschland: Die geringere Anzahl der Einwohner im gesamten Land und die (an einer Hand abzählbaren) Großstädte, in der sich der Großteil der Firmen tummelt. Deutschland ist Australien flächenmäßig natürlich weit unterlegen, hat dafür aber fast vier Mal so viele Einwohner wie Down Under.

Deutschland: 83 Million Einwohner
Australien: 25 Million Einwohner

Kein Wunder also, dass deutsche Firmen recht breit über ganz Deutschland verteilt sind. Natürlich gibt es auch hier Ballungszentren, aber es gibt eben auch viele größere Firmen, die sich ganz bewußt eine kleinere Stadt als Firmenstandort gewählt haben. So wie zum Beispiel der Autohersteller Audi, der seinen Hauptsitz in Ingolstadt hat oder der Internetprovider 1&1, der Karlsruhe als seinen Unternehmenssitz gewählt hat. Wenn man in Deutschland in einer Branche arbeitet, ist auch diese manchmal klein und hin und wieder kann es vorkommen, dass man durch Kollegen einen guten Kontakt zu einer neuen Stelle bekommt. Dieses "sich gegenseitig weiterhelfen" oder auch "sich Kontakte zu anderen Firmen zuspielen" ist aber bei weitem nicht so verbreitet und passiert auch nicht so häufig wie in Australien.

Schaut man sich die Verteilung aller Einwohner in Australien mal auf einer Karte an, sieht man, dass sich alleine zwei drittel aller Leute in den fünf größten Metropolen niedergelassen haben: In Sydney (5 Mio.), in Melbourne (4,2 Mio), in Brisbane (2,3 Mio), in Perth (1,9 Mio) und in Adelaide (1,3 Mio). Natürlich sind das auch genau die Orte, welche die meisten australischen Firmen für ihren Unternehmensstandort gewählt haben. Anders als in Deutschland ergeben sich durch die riesigen Entfernungen zwischen den einzelnen Städten dadurch kleine "*Business Hubs*". Fast schon wie kleine Inseln auf einem großen Ozean. Arbeitet man für einige Jahre in der gleichen Stadt (auf der gleichen "Insel"), dann kennt man normalerweise relativ bald so ziemlich alle größeren Firmen, die in der eigenen Branche tätig sind.

Dadurch kann man beim Networking, was in Australien einen viel höheren Stellenwert hat als in Deutschland, schnell mitreden, wenn es um ein Unternehmen geht. Man könnte wohl generell sagen, die einzelnen Jobbereiche sind in Australien viel kompakter und, gerade durchs Networking, kennt man sich eben oft mal unter Kollegen in der selben Branche.

Wie funktioniert Networking in Australien (vor Ort)?

Am allerbesten funktioniert Networking natürlich dann, wenn ihr bereits in Australien vor Ort seid. Noch ein Grund mehr sich direkt mal den nächsten Urlaub in Australien einzuplanen.

Für viele verschiedene Branchen gibt es ganz spezielle

Networking Events. Dort könnt ihr das Angenehme mit dem Nützlichen verbinden und nicht nur eventuell einen Kontakt finden, der euch später zu einem Job verhilft, sondern auch einfach neue, nette Leute kennenlernen. Auch wenn ihr gerade erst in Australien angekommen seid und noch gar keinen Job habt, seid ihr bei solchen Veranstaltungen herzlich willkommen.

Oftmals handelt es sich um after-work Veranstaltungen irgendwo in der Innenstadt, bei denen man sich mit einem gemütlichen Glas Bier oder Wein über die Arbeit austauscht und fachsimpelt. Seid nicht überrascht, wenn ihr auch direkt von eurem Gesprächspartner, der euch vor 5 Minuten noch wildfremd gewesen ist, zu einem Barbecue in seinem Garten eingeladen werdet. Das ist *the Aussie way of life*. Haltet auf jeden Fall einen großen Stapel Visitenkarten bereit, damit euch interessante Kontakte später direkt erreichen können.

Es gehört am Anfang etwas Überwindung dazu, ganz alleine zu so einer Networking Veranstaltung zu gehen, wo sich die Leute teilweise schon kennen und man selber als Neuling da steht. Tut es trotzdem, es ist es wert. Fürchtet euch auch nicht davor, dass euer Englisch eventuell zu schlecht ist. Ihr werdet sehen, dass die Networking Gruppen, wie das in Australien eigentlich immer der Fall ist, aus Leuten der verschiedensten Herkunftsländer besteht. Ich verspreche euch, dass bei weitem nicht jeder in diesen Gruppen perfekt Englisch sprechen kann. Es ist viel einfacher als ihr denkt und kann euch mit ein bisschen Glück zu einem Job verhelfen.

Ihr habt trotzdem noch Bedenken wegen euren englischen Sprachkenntnissen? Hatte ich nicht vorhin erwähnt, dass die Networking Veranstaltungen meist Abends in Bars stattfinden? Ein, zwei Bier und los geht's.

Achtung, der Arbeitsmarkt in Australien ist schnelllebiger
Wenn man in Australien auf Arbeitssuche ist, sollte man die Schnelllebigkeit des Markts nicht unterschätzen. Stellen werden oft ziemlich schnell besetzt, die Kündigungsfrist ist kürzer als die Deutsche und beträgt normalerweise nur 4 Wochen. Kandidaten, die kurzfristig und flexibel reagieren können, haben auf jeden Fall einen riesen Pluspunkt.

Wie findet man Networking Veranstaltungen?

Meetup.com
Die Plattform für gemeinsame Hobbies und Interessen ist immer eine erste gute Anlaufstelle. Das Ganze ist für Teilnehmer komplett kostenlos und eine tolle Sache. Manchmal wird man bei den Gruppen um eine Spende von einem oder zwei Dollar pro Veranstaltung gebeten, an der ihr teilnehmt. Das ist aber eher selten und hilft dem Gruppengründer normalerweise nur dabei, die monatliche Gebühr zu zahlen, die pro Gruppe an meetup.com von ihm entrichtet werden muss.

In der Suche gebt ihr einfach ein Stichwort eurer Branche ein. Als Web Designer in Melbourne sind beispielsweise folgende Gruppen interessant:

Melbourne Geek night
UX Design Group Melbourne
Be Responsive Melbourne

Sehr viele nette Leute kann man auch in der Gruppe "*The Melbourne German Language Meetup Group*" kennenlernen. Hier ist meist ein Mix aus Deutschen zu finden und anderen Leuten, die Deutsch als Fremdsprache lernen. Das Ganze ist eine super Sache und erleichtert euch auch das Ankommen in einer neuen Stadt. Hinter jedem Kontakt steckt nicht nur eine potentielle

Verbindung zu einem Arbeitgeber, sondern es ist natürlich auch nett erst mal irgendwo Anschluss zu finden und unter Leute zu kommen. Zwei Fliegen mit einer Klappe.

LinkedIn.com
In den Foren auf LinkedIn werden auch hin und wieder Networking Veranstaltungen angekündigt.

Networking im Freundeskreis

Lasst bei der Jobsuche keine Möglichkeit außer acht. Wenn ihr schon eine Zeit lang in Australien seid, vielleicht auf einem Working Holiday Visum, habt ihr dementsprechend vielleicht schon ein paar Kontakte geknüpft. Sprecht eure Freunde an und lasst sie wissen, dass ihr auf Jobsuche in eurem Arbeitsbereich seid. Auch wenn sie euch nicht sofort weiterhelfen können ist es doch gut, wenn sie eure Situation kennen und im Hinterkopf behalten. Die (Arbeits-)Welt ist klein in Australien. Vielleicht hört euer Bekannter schon in der folgenden Woche einen Freund davon sprechen, dass seine Firma unbedingt jemand wie euch sucht.

Networking von Deutschland aus

Natürlich ist das Networking einfacher, wenn ihr vor Ort in Australien seid. Auch von Deutschland aus könnt ihr aber anfangen euch ein Netzwerk aufzubauen. Euer Ziel: Versucht alles, um mit möglichst vielen Leuten in Australien in Kontakt zu kommen, die eine Stelle in einem Unternehmen besetzen, die auch perfekt auf euch und eure *Skills* passen würde.

Mit diesen Leuten vernetzt ihr euch dann einfach. Ihr könnt ihnen dann auch eine Nachricht schreiben, euch kurz vorstellen und sie fragen, ob sie etwas von einer freien Stelle im jeweiligen

Unternehmen wissen. Falls die Antwort nein lautet könnt ihr sie auch fragen, ob sie euch vielleicht den Kontakt zur HR-Abteilung oder dem Abteilungsleiter geben können, damit ihr dort ebenfalls nochmal nachfragen könnt.

Grundvoraussetzung dafür ist aber erst mal ein ausgefülltes und aktuelles Profil bei LinkedIn.

1. LinkedIn

Die Anmeldung und ein Profil zu erstellen kostet nichts und erhöht eure Chancen auf dem australischen Arbeitsmarkt deutlich. Ihr solltet unbedingt Zeit in euer Profil bei LinkedIn investieren. Es muss aktuell gehalten sein und vor allem eure Arbeitserfahrung der letzten 5 Jahre sollte sehr genau und im Detail beschrieben sein. Wenn ihr euch mit Leuten vernetzt, werden diese auf euer Profil schauen und das muss dann *top notch* sein.

Australier lesen übrigens gerne, was genau euer Aufgabenbereich war und was ihr in eurem Job geleistet bzw. erreicht habt. Je mehr Keywords ihr einbaut, desto höher ist außerdem die Chance, dass jemand einfach so durch die Suchfunktion auf euer Profil aufmerksam wird. Der Aufwand lohnt sich also.

Auf der Plattform sind sämtliche Jobvermittlungsagenturen unterwegs. Auch die hauseigenen Personalabteilungen verschiedenster australischer Firmen schauen sich dort regelmäßig um, wenn sie eine offene Stelle zu vergeben haben.

Ihr könnt eure Chancen noch zusätzlich erhöhen, wenn ihr euch in verschiedenen Foren auf LinkedIn aktiv beteiligt. Sucht euch passende Foren zu eurem Arbeitsbereich heraus und tauscht euch dort mit anderen Mitgliedern aus. Diskutiert zum Beispiel aktuelle Ereignisse, die eure Branche betreffen und fragt ruhig auch direkt nach, ob jemand von einem Job weiß. Vernetzt euch auch hier wieder mit Leuten, die für euren Jobbereich relevant sind.

Ebenfalls sehr zu empfehlen ist ein Blick in die Stellenbörse auf LinkedIn. Im Gegensatz zu seek.com.au werden hier zu 90% direkte Jobangebote von Firmen gepostet und nicht von *Recruitern*. Bequemerweise könnt ihr euch dort dann auch direkt mit eurem persönlichen LinkedIn Profil auf die Stelle bewerben. Praktisch.

2. Twitter

Twitter ist nicht für alle Jobbereiche gleich interessant und relevant. Vor allem in der IT Branche sind die Chancen, über Twitter an Stellenangebote zu kommen wahnsinnig gut, und sollten nicht unterschätzt werden. Wenn ihr Web Designer, Programmierer oder Software Experte seid, solltet ihr auf jeden Fall mal einigen australischen Firmen folgen. Es kommt oft vor, dass Firmen kurz mal über einen kleinen Tweet einen neuen Angestellten suchen!

Wenn ihr wisst, dass Leute in eurer Branche so etwas wie Twitter nicht benutzen, konzentriert euch lieber auf LinkedIn und die anderen Netzwerke.

3. Facebook

Facebook kann bedingt auch zum Networking verwendet werden. Über die Suchfunktion empfiehlt es sich hier, einfach einmal nach Gruppen zu suchen, die mit dem Thema Job oder Australien zu tun haben. Im deutschsprachigen Bereich gibt es zum Beispiel die Gruppe "Auswandern nach Australien" und "Germans living in Australia", die sehr zu empfehlen sind. Manchmal haben die Mitglieder dieser Gruppen Kontakte, die euch bei der Jobsuche weiterhelfen können. Deshalb lohnt es sich auch hier aktiv auf die Leute zuzugehen und die Gruppenmitglieder mit einem Beitrag wissen zu lassen, nach welcher Art Job ihr gerade Ausschau haltet.

Klinken putzen & persönliches Vorstellen

Sehr unüblich in Deutschland, aber sehr erfolgsversprechend in Australien: Das "Klinken putzen", bei dem man sich einfach persönlich bei Firmen vorstellt. Besonders gut funktioniert dies bei allen Berufen im handwerklichen Bereich. Ich habe mich mit Leuten unterhalten, die als Zahntechniker, Automechaniker, Glaser und Schreiner genau auf diese Art und Weise eine Festanstellung (teilweise inklusive Sponsorship auf einem TSS Visum) gefunden haben. Noch dazu meistens in kürzester Zeit.

So geht's:

1. Passende Firmen raussuchen.
2. Entsprechende Anzahl Lebensläufe ausdrucken (günstig drucken könnt ihr z.B. in fast allen australischen Büchereien, sowie bei "*The Warehouse Stationary*" oder "*Staples*").
3. Plan erstellen wie man die Firmen alle am besten eine nach der anderen abklappert (typisch deutsch und total effektiv auf Google Maps eine Route planen).
4. Losfahren.
5. Sich beim Empfang vorstellen, nach dem Chef fragen, persönlich mit ihm sprechen und erklären, nach welchem Job ihr sucht. Nicht vergessen ihm eine eurer vielen Kopien des Lebenslaufs in die Hand zu drücken. Wenn der Chef nicht da ist, den Lebenslauf zur Not bei der Sekretärin abgeben.

Wie findet man passende Firmen für Blindbewerbungen? (können von Australien oder aus Deutschland verschickt werden)

Ihr wollt gerne ein paar Blindbewerbungen schicken aber wisst nicht genau, wie ihr an Firmen in Australien kommen sollt, die eurer Branche entsprechen? Wie bei so vielen Dingen im Leben ist die Antwort hier: Google. Aber nein, nicht einfach die normale Google Suche. Ich spreche von Google Maps. Außerdem ist auch LinkedIn extrem nützlich.

1. Google Maps
Die einfachste und effektivste Taktik: Je nachdem in welcher Branche ihr arbeitet, gebt ihr diesen Namen einfach direkt in die Suchleiste auf Google Maps ein.

Beispiel: Wenn ihr Software Entwickler seid und in Sydney arbeiten wollt, gebt ihr in das Google Maps Suchfeld erst mal "Sydney" ein. Daraufhin zoomt die Google Maps Karte auf das Großgebiet Sydney heran. Nun könnt ihr das vorherige Suchwort aus dem Feld löschen und statt dessen das Arbeitsgebiet eintragen, das euch interessiert. In unserem Beispiel hier so etwas wie "*Software*" oder "*Software Companies*" und schon erscheint auf der linken Seite eine ganze Liste an Firmen. Nun müsst ihr euch nur noch die Mühe machen, die einzelnen Webseiten der Firmen anzuklicken und herauszufinden, ob es eine Firma wäre, die euch interessiert. Wenn ja habt ihr schon den ersten Kandidaten, an den ihr eine Blindbewerbung schreiben könnt.

Tipp: Wenn ihr schon auf der Webseite des Unternehmens seid, schaut euch auch immer gleich nach ausgeschriebenen Stellen um. Der Link zu Stellenangeboten wird meistens "*Careers*", "*Vacancies*", "*Jobs*" oder "*Employment*" genannt. Diese Links sind meist im *Footer*-Bereich der Webseite zu finden, also wenn man ganz nach unten scrollt. Manchmal auch im "Über uns"-Teil der Firma und bei größeren Firmen wird den Stellenangeboten meist ein komplett eigener Menüpunkt spendiert, der entweder direkt im Hauptmenü oder wie gerade schon erwähnt, ebenfalls im *Footer* zu finden ist.

2. LinkedIn

Auch auf LinkedIn habt ihr die Möglichkeit für euch passende Firmen in Australien zu suchen. Nachdem ihr euch eingeloggt habt, müsst ihr einfach nur noch in die Suchleiste bei LinkedIn euren Beruf eingeben. Daraufhin werden euch sowohl Firmen vorgeschlagen, die auf euren Suchbegriff passen, als auch Leute, die in eurer Branche arbeiten.
In beiden Fällen sind die Treffer hilfreich. Das Profil der Firmen, die in der Liste auftauchen, schaut ihr euch dann einfach mal an um einen ersten Eindruck zu bekommen. Meist ist auch die Webseite des Unternehmens angegeben, wo sich mehr über den potentiellen Arbeitgeber herausfinden lässt. Wenn die Firma einen guten Eindruck auf euch macht, schickt eine Blindbewerbung hin.

Auch Suchergebnisse, die euch Angestellte bei australischen Firmen (in eurem Jobbereich) auflisten, sind extrem wertvolle Informationen für euch. Klickt euch einfach durch die Profile und schaut, für welche Firmen die Leute arbeiten und bereits gearbeitet haben. Damit wisst ihr schon mal, dass diese Firmen definitiv Leute in eurem Jobbereich beschäftigen und damit ist das Unternehmen ein weiterer Kandidat für eine potentielle Blindbewerbung eurerseits.

Bestimmte Taktiken bei der Jobsuche in Australien funktionieren in unterschiedlichen Berufen unterschiedlich gut

In meinen Interviews hat sich herauskristallisiert, dass bestimmte Bewerbungsmethoden für bestimmte Branchen besonders gut funktionieren.

Marketing- und Erziehungsbereich: Den Sponsor über online Jobbörsen finden

Meine beiden Interviewgäste Marc und Claudi haben ihre Jobs durch das Surfen im Internet bzw. durch das Abklappern von verschiedenen online Jobbörsen gefunden. Marc, der später in einer kleinen Firma als *Marketing Manager* gesponsert wurde, hat dies von Deutschland aus getan, während Claudi schon in Australien mit einem Touristenvisum gewesen ist. Als sie vom *Department for Child Protection* zum Vorstellungsgespräch eingeladen wurde, hatte die ausgebildete Erzieherin den Vorteil, dass sie sofort erscheinen konnte und sich so den Job gesichert.

Bau- und Handwerksberufe: Firmen abklappern und sich persönlich vorstellen

Im Handwerksbereich, den die Australier so schön *Trades & Services* nennen, ist man eher erfolgreich, wenn man sich Firmen online heraussucht und dann "Klinken putzen" geht. Die meisten meiner Interview-Partner, die in dieser Branche arbeiten, haben so ihren späteren Sponsor gefunden. Thomas, der Karosseriebauer ist, Sven, der Glaser im Fachbereich Fensterbau ist und Rebecca, die schon langjährig als Zahntechnikerin arbeitet. Sie alle hatten die gleiche Strategie: Als sie in Australien angekommen sind haben sie online nach Firmen gesucht, die für sie in Frage kommen würden und in der unmittelbaren Nähe sind. Vor allem Rebecca ist es sehr strukturiert angegangen und hat sich eine richtige Liste geschrieben und sich dann auf Google Maps eine gute Route zusammengestellt, um alle Unternehmen an einem Tag abklappern zu können. Nach einigen Rückschlägen hatte sie am Ende Erfolg und wurde in Perth gesponsert. Auch die beiden Jungs waren erfolgreich und haben beide in Melbourne eine Stelle gefunden.

IT-Bereich: Durch Tweets zum Job

Im IT-Bereich werden extrem viele Jobs einfach über Twitter "ausgeschrieben". Nicht nur David, der im Bereich Software-Automatisierung arbeitet, hat seinen späteren Arbeitgeber durch die Social Media Plattform gefunden. Auch als ich selber damals in Australien als UX/UI Designer auf Jobsuche war, habe ich durch einen Tweet eine Festanstellung angeboten bekommen. Wenn ihr also in der IT-Branche einen Job sucht, am besten gleich mal loszwitschern. Erwähnenswert ist auch, dass David seine Suche von Deutschland aus gestartet hat, während ich schon in Australien gewesen bin. Es scheint beides zu funktionieren.

PR & Media: Gezielte Bewerbung bei deutschen Unternehmen in Australien

Meine Interviewpartnerin Sabrina hat versucht von Deutschland aus eine Festanstellung in Australien zu finden. Dafür hat sie sich einen gezielten Plan zurechtgelegt. Ihre Strategie hieß: Bewirb dich bei Firmen in Australien, die deine deutschen Sprachkenntnisse schätzen und nutzen können. Sie suchte sich daraufhin im Internet einige Unternehmen heraus und schrieb einen ganzen Haufen Initiativbewerbungen. Eine davon war erfolgreich.

Management & Ingenieurtätigkeiten: Geschäftlich nach Oz versetzt werden

Den wohl bequemsten Weg hatten meine Interviewgäste

Christian, der als *Management Consultant* von seiner deutschen Firma nach Australien versetzt wurde und Rainer, dessen Arbeitgeber ihn auf eine neue Position als technischen Leiter (*Service Engineer*) in Oz umgestuft hat. Die Beiden hatten gemeinsam, dass sie bei sehr großen Firmen angestellt waren und dadurch extrem gute Unterstützung beim Umzug, sowie bei der Beantragung des Visums genießen konnten. Weitergedacht könnte natürlich auch das eine langfristige Strategie sein: sich einen Job bei einer sehr großen Firma in Deutschland suchen, die auch in Australien vertreten ist. Nach einiger Zeit in Deutschland lässt man sich dann einfach nach Australien versetzen.

Fazit: Sämtliche Arten der aktiven Jobsuche sind prozentual erfolgreicher als die passive Jobsuche

Zusammengefasst heißt das also für euch: Nutzt sämtliche Formen der aktiven Jobsuche so gut ihr könnt.

- Schreibt Leute aktiv an und verbindet euch mit ihnen auf Social Media Business Plattformen wie LinkedIn.
- Erzählt so vielen Leuten wie möglich, dass ihr auf Jobsuche in Australien seid und was ihr sucht.
- Schreibt Firmen in Australien aktiv an und erzählt wer ihr seid und welchen Mehrwert ihr bieten könntet.
- Macht einen Urlaub in Australien und verbindet ihn mit so vielen Networking Events wie ihr könnt.
- Sucht und verbindet euch mit anderen Deutschen, die bereits in Australien wohnen und arbeiten.
- Seid in Business Foren (z.B. auf LinkedIn) aktiv und werdet dadurch für australische Firmen und Recruiter sichtbar.

Fehlerquelle Nr. 9

Gehalt

Problem

Leute verhandeln ihr Gehalt schlecht, verdienen weit weniger als sie sollten und haben durch die teuren Preise in Australien am Ende einen geringeren Lebensstandard als in Deutschland.

Warum ist das so?

Es herrscht Unwissen darüber, was man in Australien verdienen sollte. Manchmal verhandeln Leute auch schlecht, weil sie sich "in der Schuld" des Arbeitgebers sehen. Durch den Wechselkurs hört sich so manches Gehalt nach viel mehr an, als es eigentlich ist.

Lösung

Über Standardgehälter und Lebenskosten informieren. Bei der Verhandlung berufliche Stärken hervorheben und bei den Gehaltsvorstellungen standhaft bleiben.

Foto: Kata Tjuta National Park (The Olgas), Northern Territory

Das richtige Gehalt aushandeln

In meinen Interviews kam oftmals heraus, dass die Leute ihr Gehalt in Australien zu schlecht verhandeln. Oftmals einfach aus Unwissen darüber, wie viel man im Schnitt verdienen sollte und wie hoch die Lebenskosten in Australien sind. Manchmal endet das dann damit, dass Auswanderer bei einem wesentlich geringeren Lebensstandard landen als sie ihn vorher in Deutschland hatten. Auf Dauer kann das zu extremer Unzufriedenheit führen und deshalb zum Problem werden.

Gehälter und Bonuszahlungen in Australien

Durschnittlich sind die meisten Löhne in Australien im Vergleich zu ähnlichen Positionen in Deutschland tatsächlich niedriger. Dafür hat man in Australien eine etwas geringere Steuerlast als in Deutschland, was sich wiederum im Fehlen einiger sozialer Leistungen bemerkbar macht.

Eine Außnahmebranche, in der man in Australien überproportional viel verdienen kann, ist die Bergbauindustrie. Im Vergleich zu Deutschland gibt es außerdem weniger Unternehmen, die Bonuszahlungen an Mitarbeiter ausschütten und falls doch Boni gezahlt werden, sind sie vergleichsweise gering. Ähnliche Zahlungen wie Weihnachts- und Urlaubsgeld gibt es nicht.

Gehalt & staatliche Renteneinzahlung (*Superannuation*)

Wenn ihr Gehaltszahlen aus eurer Branche recherchiert, achtet darauf, dass mindestens 9,5% des Jahresgehalts abgezogen und direkt an einen Rentenfond (wird *Superannuation*, oder kurz *Super* genannt) überwiesen werden. Der "*Super*" ist Teil der gesetzlichen, australischen Altersvorsorge und bedeutet für den Arbeitnehmer, dass er praktisch zum Sparen gezwungen wird. Den Rentenfond könnt ihr zwar selber auswählen und das Geld bleibt auch in eurem Besitz, allerdings werden die Fonds erst zur Rente an euch ausgezahlt oder wenn ihr das Land verlasst und z.B. wieder dauerhaft nach Deutschland zurück zieht. Für eure Kosten im Alltag steht es vorerst nicht zur Verfügung. Auch müssen sich Unternehmen nicht an die 9,5% halten, in einigen Fällen laufen monatlich 13% und höhere Beträge in den Rentenfond.

Die Angabe des Gehalts kann am Anfang verwirrend sein. Dazu muss man nämlich wissen, dass Gehaltsangaben in Australien meist in Wochengehältern gemacht werden. Zum Vergleich mit deutschen Jahresgehältern müssen die Löhne entsprechend mit 52 multipliziert werden.

Wichtig: Bei Gehaltsangaben in Stellenanzeigen solltet ihr demnach immer genau darauf achten, ob der angegebene Betrag die 9,5% Rentenzahlung bereits enthält oder nicht. Zahlen muss euch der Arbeitgeber die Einzahlung in den Rentenfond so oder so. Gehaltsangaben, in denen *Superannuation* bereits enthalten ist, haben für den Arbeitgeber einfach den Vorteil, dass das Gehalt auf den ersten Blick höher aussieht als es eigentlich ist.

Tipp: Um herauszufinden was ihr in eurem Job ungefähr verdienen solltet, könnt ihr auf der Webseite https://www.payscale.com nach eurem Jobtitel suchen. Die Seite verrät euch sogar, bei welchen Firmen in Australien ihr am meisten Geld verdienen könntet.

Durchschnittliches Einkommen nach Branche

Am besten lässt es sich in der Mining Industry verdienen.

Woche	Jahr	Branche
$2.600	$135.200	Mining
$1.950	$101.400	Information media & telecommunications
$1.900	$98.800	Financial & Insurance Services
$1.850	$96.200	Professional, scientific & technical services
$1.800	$93.600	Electricity, gas, water & waste services
$1.750	$91.000	Ecucation & training
$1.700	$88.400	Public administration & safety
$1.600	$83.200	Transport, postal & warehousing
$1.590	$82.680	Wholesale trade
$1.500	$78.000	Arts & recreation services
$1.500	$78.000	Construction
$1.500	$78.000	Health care & social assistance
$1.450	$75.400	Administrative & support services
$1.400	$72.800	Manufacturing
$1.400	$72.800	Rental, hiring & real estate services
$1.200	$62.400	Retail trade
$1.160	$60.320	Accommodation & food services

(*9)

(*9) Stand Nov 2018 - Australian Bureau of Statistics
https://www.abs.gov.au/

Durchschnittliches Einkommen nach Staat

Durchschnittlich verdient man im Australian Capital Territory am besten, dicht gefolgt von Western Australia.

Woche	Jahr	Staat
$1.800	$93.600	ACT (Australian Capital Territory)
$1.750	$91.000	WA (Western Australia)
$1.650	$85.800	NT (Northern Territory)
$1.610	$83.720	NSW (New South Wales)
$1.590	$82.680	QLD (Queensland)
$1.580	$82.160	VIC (Victoria)
$1.450	$75.400	SA (South Australia)
$1.400	$72.800	TAS (Tasmania)

(*9)

(*10) Stand Feb 2019 - Quelle: https://virginmoney.com.au/blog/credit-card/a-guide-to-australias-highest-paying-jobs-and-income-distribution

Durchschnittseinkommen über alle Branchen

Das durchschnittliche Jahresgehalt in Australien beträgt $1.600 pro Woche bzw. $83.200 pro Jahr.

Frauen verdienen im Schnitt 14% weniger als Männer.

Woche	Jahr	Mann / Frau
$1.696	$88.192	Mann
$1.456	$75.712	Frau

(*9)

Bestbezahlte Jobs nach Einzelberuf

Die zwei bestbezahlten Einzelberufe in Australien sind der des Chirurgen und der des Anästhesisten.

Woche	Jahr	Beruf
$7.567	$393.467	Surgeon
$6.905	$359.056	Anaesthetist
$5.599	$291.140	Internal Medicine Specialist
$5.064	$263.309	Financial Dealer
$4.058	$211.024	Psychiatrist
$3.812	$198.219	Judicial and other Legal Professional
$3.203	$166.557	Mining Engineer
$3.043	$158.249	Chief Executive and Managing Director
$2.863	$148.852	Engineering Manager

(*10)

Festanstellung in Australien - was kann man erwarten?

Zum Schluß will ich euch noch einen kleinen Einblick darüber geben, was ihr von eurem Job und Arbeitsalltag in Australien erwarten könnt.

Arbeitsalltag

Der wahrscheinlich größte Unterschied im australischen Arbeitsalltag im Vergleich zum deutschen ist die Arbeitszeit, die über alle Branchen hinweg eher kürzer ist. Als Angestellter in einem australischen Unternehmen arbeitet man durchschnittlich 37,5 bis 40 Stunden die Woche, also 7,5 bis 8 Stunden pro Tag. Überstunden sind eher selten. Bei Projektbezogenen Tätigkeiten kommt es natürlich auch in *Down Under* einmal vor, dass Nachtschichten eingelegt werden, gewöhnlich ist das Büro aber gegen 17 Uhr, spätestens 18 Uhr geräumt.

Der *Casual Friday* wird in fast allen Unternehmen gelebt. Außerdem wird der *Movember* zelebriert. Deshalb sieht man im November überdurchschnittlich viele Männer mit Schnauzer herumlaufen.

Die meisten Bürogebäude sind mit Duschen ausgestattet, was viele der sportbegeisterten Australier dazu nutzen mit dem Rad ins Büro zu fahren und dort zu duschen und sich umzuziehen.

Urlaub

Im Vergleich zu Deutschland sieht der Jahresurlaub relativ dürftig aus: Zwanzig Tage sind realistisch, nur selten gibt es mehr Urlaub. Dafür werden Feiertage, die auf ein Wochenende fallen am darauffolgenden Montag nachgeholt.

Fehlerquelle Nr. 10

Erwartungen

Problem

Leute wandern mit unrealistischen Erwartungen an das Land und sich selber aus.

Warum ist das so?

Australien wird vor allem im deutschen Fernsehen und in den Medien gerne als das perfekte Land dargestellt. Zusätzlich gibt es oft hohe eigene Ansprüche was das neue Leben im fremden Land betrifft.

Lösung

Mit Leuten reden, die bereits dort leben und sich sowohl gute als auch schlechte Dinge schildern lassen.

Foto: Koala in a tree next to the Great Ocean Road, Victoria

Hohe Erwartungen an Australien

Bei manchen Auswanderern ist es so, dass die Erwartungen an Australien viel zu hoch gesetzt werden. Das war in den von mir geführten Interviews vor allem ein Problem bei den Leuten, die sich dazu entschieden haben nach Australien auszuwandern ohne vorher jemals in Person dort gewesen zu sein. Aber auch bei Leuten, die ein oder mehrmals in Australien in Urlaub gewesen sind, ist dieses Phänomen immer mal wieder zu finden. Die Erwartungen sind extrem hoch, und es herrscht bei manchen die Annahme, dass in Australien einfach alles besser ist. So ist es natürlich nicht, denn auch dort gibt es einen ganz normalen Arbeitsalltag, der sich von dem in Deutschland meist gar nicht so wesentlich unterscheidet. Die romantische Vorstellung, dass man in der Mittagspause mal eben eine Runde surfen gehen kann, trifft wohl nur bei den wenigsten Angestellten zu.

Das Bild von Australien in unserem Fernsehen und in den Medien

Australien wird in den deutschen Medien und im Fernsehen leider oft nur genau so dargestellt, dass es sich gut verkauft. Es wird über die Natur und die Tiere im Outback berichtet, eher selten über die massiven Umweltprobleme, die z.B. durchs *Mining* entstehen. Es wird über das ausgeklügelte Einwanderungssystem berichtet, aber nicht über unmenschliche Auffanglager. Melbourne wird als Multi-Kulti-Stadt beworben, auf der anderen Seite wird die immer noch extrem mangelhafte Integration der *Aborigines* (australische Ureinwohner) totgeschwiegen.

Australien ist manchmal ein Land der Widersprüche und wie jedes Land auf der Welt gibt es auch hier durchaus

Probleme. Vielleicht könnte man auch sagen, dass durch die vielen Sonnentage in Australien, die Schattenseiten dort zwar existieren aber quasi einfach ein bisschen mehr in den Hintergrund treten.

Wenn ihr bereits mehrmals in Australien in Uraub gewesen seid, dann konntet ihr wahrscheinlich schon ein bisschen in das Leben und die Kultur dort hineinschnuppern. Trotzdem ist Urlaub immer Urlaub und es ist etwas komplett anderes dort zu leben. Versucht deshalb bereits im Voraus möglichst viel über das Alltagsleben in Australien herauszufinden. Zum Beispiel indem ihr euch mit anderen Deutschen unterhaltet, die bereits seit einigen Jahren dort wohnen.

Wenn ihr nach Australien zieht wird es erst einmal viele Dinge geben, die ihr dort toll findet. Dinge, die man aus seinem gewohnten Umfeld in Deutschland vermisst, fallen einem erst nach und nach auf. So ähnlich sich Europa und Australien von der westlichen Lebensweise auch sind, es gibt durchaus kulturelle Unterschiede bei Gewohnheiten und Werten. Genau das macht das Leben im Ausland ja spannend. Man darf allerdings nicht erwarten, dass Arbeitsabläufe und Lebenseinstellungen exakt gleich sind.

Ich möchte euch deshalb gerne dazu motivieren das Abenteuer Australien anzutreten, jedoch ohne Erwartungen an ein perfektes Leben im neuen Land. Beim Auswandern, ganz egal wohin, gehört es auf jeden Fall dazu anpassungsfähig zu sein. In den seltensten Fällen geht so etwas ohne jegliche Kompromisse, Einschränkungen oder Anstrengungen einher. Nur wer Lust hat seinen Horizont zu erweitern und bereit ist so manche "typisch deutsche" Angewohnheit zumindest ein kleines bisschen in eine australische Richtung zu verbiegen, wird auf Dauer dort glücklich.

Nehmt die positiven Dinge, die euch als "typisch deutsch" ausmachen und mixt sie mit positiven neuen Erfahrungen, die "typisch australisch" sind. Damit könnt ihr eigentlich nur gewinnen und eure Persönlichkeit wachsen lassen.

Die Erwartungen Anderer

Wir lassen uns von Außenstehenden oft viel zu viel Druck machen. Meist von Leuten, die mit unserem Ziel eigentlich gar nichts zu tun haben. Wir fragen uns zu oft:

"Was wird der oder diejenige von uns halten, wenn wir sagen, dass wir auswandern wollen?"
"Was, wenn alle sagen, dass ich verrückt bin?"
"Was, wenn mich keiner unterstützt?"
"Was, wenn ich es am Ende nicht schaffe?"
"Was, wenn ich nach Australien gehe, irgendwas nicht funktioniert und ich nach Deutschland zurückkehren muss?"
"Was, wenn ich mir dann dumme Kommentare anhören muss, dass mein Traum vom Auswandern wohl geplatzt ist?"

Dabei geht es doch eigentlich nur darum, dass IHR mit eurer Entscheidung glücklich seid. Dass es gut für EUCH ist und nicht für euren Arbeitskollegen. Lasst euch also auch von den Erwartungen Anderer nicht verrückt machen.

Es gibt kein "ich habe es nicht geschafft"

Prinzipiell gibt es kein "ich habe es nicht geschafft", wenn es darum geht in einem fremden Land zu wohnen außer, man hat es nie getan. In einem anderen Land zu wohnen ist einfach eine unschätzbar wichtige Erfahrung und kann euch im Leben eigentlich nur weiterbringen.

Deshalb: Lasst euch von anderen Leuten und vor allem nicht von Fernsehsendern einreden, wie etwas zu sein hat, sondern macht einfach das, was für euch am besten ist. Macht das, was zu euren Lebenszielen passt und euch in eurem Leben weiterbringt und glücklich macht.

Ob ihr nun am Ende "für immer" nach Australien zieht, nur ein paar Jahre dort wohnt oder vielleicht am Ende sogar entscheidet, dass es nicht das richtige Land für euch ist. Die Hauptsache ist doch, dass ihr dabei einfach die richtige Entscheidung für euch selber getroffen habt.

Eigene Erwartungen ans "Auswandern für immer"

Bedingt durch die recht strikte Visavergabe in Australien ist es für manche Leute leider so, dass sie schlechte Chancen auf ein Arbeitsvisum haben. Dies kann der Fall sein, wenn man einen Beruf hat, der in Australien aktuell nicht gefragt ist oder aber auch, wenn man die Altersgrenze von 50 Jahren überschritten hat. Ab diesem Alter wird es um ein vielfaches schwieriger ein Arbeitsvisum oder eine permanente Aufenthaltserlaubnis zugesprochen zu bekommen. Manche Visas haben sogar eine strikte Altersgrenze, die man nicht umgehen kann.

Trotzdem gibt es oft Mittel und Wege sich ein Leben in Down Under zu verwirklichen. Manchmal muss man dafür aber Abstand von typischen Denkweisen nehmen. Wenn es nicht oder nicht sofort mit einer permanenten Aufenthaltsgenehmigung klappt, gibt es durchaus andere Optionen in Australien zu leben. Vielleicht kann man dann keine 12, sondern nur 3 Monate pro Jahr dort leben, aber es wäre ein Anfang. Manchmal bedeutet es, dass man sich beruflich komplett verändern muss. Oft bedeutet es, dass man sich selber erst einmal klar werden muss, wie wichtig es wirklich ist, das ganze Jahr über in Australien zu leben. Geld spielt natürlich auch eine Rolle aber oft muss man einfach nur kreativ sein.

Eigene Erwartungen an das neue Leben & die Eingewöhnungsphase

Gerade Leute, die das erste Mal in ein fremdes Land ziehen und dort ein neues Leben starten, haben oft unrealistische Erwartungen was die Umsetzung betrifft. Die eigene, gefühlte Eingewöhnungszeit dauert oft viel länger als angenommen und so mancher Auswanderer hat deshalb verfrüht die Reißleine gezogen.

Dabei geht es gerade am Anfang den allermeisten Leuten so, dass sie das Gefühl haben auch nach einem Jahr noch nicht richtig angekommen zu sein. Das Einleben in einem fremden Land dauert meist viel länger als gedacht und wird zeitlich fast immer unterschätzt. Leute, die bereits längerfristig (5 Jahre und länger) in Australien leben sagen im Schnitt, dass es 2-3 Jahre gedauert hat, bis sie wirklich das Gefühl hatten, komplett im neuen Land angekommen zu sein. Es braucht also einfach Geduld und Zeit um sich ein neues privates und berufliches Umfeld aufzubauen.

Viel Spaß in Australien!

Zum Schluss möchte ich Euch noch eine gute Reise wünschen und eine ganz tolle Zeit in *Down Under*. Ich bin mir sicher ihr schafft es, euren Traum zu verwirklichen. Denkt immer daran: Auch mir wurde gesagt "das geht nicht" und am Ende ging es doch. Auch wenn ich aktuell nicht mehr in Australien wohne, hatte es bei mir ja doch geklappt mit der Festanstellung in Melbourne. Mir hat das damals gezeigt: Wenn euch gesagt wird "das geht nicht" sind das die limitierenden Glaubenssätze von eurem Gegenüber und nicht von euch!

Ich freue mich immer über Nachrichten, Updates, Geschichten und Alles, was ihr so auf dem Weg nach und in Australien erlebt. Wenn ihr Lust habt etwas über eure Reise auf der anderen Seite der Welt zu erzählen und auf www.rausnachaus.com darüber zu berichten, seid ihr herzlich dazu eingeladen mir zu schreiben (Kontaktdaten siehe Impressum ganz vorne).

Wenn ihr gerade noch mitten in den Vorbereitungen steckt, empfehle ich Euch auch den (natürlich kostenlosen) Beitritt in die Facebookgruppe "Auswandern nach Australien" (*11). Dort könnt ihr euch mit gleichgesinnten Auswanderfreudigen austauschen.

Ich hoffe ich konnte Euch mit diesem Büchlein ein bisschen weiterhelfen und euch eurem Ziel einen (oder zwei oder drei) Schritte näher bringen.

Viele liebe Grüße aus München,
Eure Chrissy

(*11) https://www.facebook.com/groups/rausnachaus/

Bewertung abgeben

Ich habe dieses Buch als kleiner Autor ohne Verlag (im sogenannten Self-Publishing) herausgebracht. Ohne Verlag zu starten hat für den Autor den Vorteil, dass er nicht in finanzielle Vorleistung gehen muss. Es macht es aber gleichzeitig schwierig das Buch bekannt zu machen.

Deshalb: Wenn euch die Inhalte des Buchs weitergeholfen und gefallen haben, könnt ihr dazu beitragen, dass andere Australien-Auswanderer es leichter online finden. Gebt dazu einfach eine Bewertung auf Amazon ab.

Instagram Gewinnspiel
Wenn ihr wollt könnt ihr außerdem an der monatlichen Verlosung von einem Australien Sehnsuchtskalender mitmachen. Postet einfach ein kreatives Foto in dem man das Buch sieht auf eurem Instagram Kanal und fügt den Hashtag *#rausnachausbuch* und *#auswandernaustralien* hinzu.

Euer
Journal

- Mehr Motivation
- Eigene Ziele im Auge behalten
- Schritt für Schritt auf's Ziel hinarbeiten
- Macht das Journal zu eurem persönlichen "Auswander-Tagebuch"

Grundsätzliche Dinge geklärt?

Das für mich am besten passende Visum: (siehe Kapitel 1)

Sponsort Visa

Meine drei Hauptmotivationen nach Australien auszuwandern: (siehe Kapitel 2)

Abenteuer

Ash

Neuanfang

Mein ganz konkretes Auswander-Ziel: wann, wohin, mit wem (siehe Kapitel 3)

Melbourne 1. 10. 2021 mit Ash

Diese Dinge werde ich tun, um stetig motiviert zu bleiben: (siehe Kapitel 4)

Einfach eins nach dem andern Erledigen

Um das Projekt "Auswandern" voranzutreiben, werden dies meine nächsten Schritte sein: (siehe Kapitel 5)

Visa Anwalt

Bewerben, Wohnung

KV

Abmelden ect

Flug

Ist mein Partner mit allen Plänen einverstanden? Wenn ja, welchen Schritt können wir als nächstes zusammen planen? Wenn nein, was sind die drei Hauptpunkte, bei denen mein Partner unsicher ist? (siehe Kapitel 6)

Drei Dinge, die ich tun kann, um meinem Partner die Unsicherheit zu nehmen oder die Zweifel zu klären:

Kommunikation

Wieviel Geld bräuchte ich pro Monat zum Leben in Australien? (siehe Kapitel 7)

min 2140 $ pro Monat

Wieviel Geld habe ich aktuell für das Projekt "Auswandern" angespart?

4500

Wieviel Geld kann ich realistischerweise mit meinem Job in Australien pro Monat verdienen? (siehe Kapitel 9)

2,5

Drei Dinge, die ich bezüglich der Jobsuche in Australien als nächstes unternehmen werde oder vorbereiten muss: (siehe Kapitel 8)

Bewerbungen

Adressen

Los senden

Wochen-Planung

Auswander-Ziel

Mein konkretes Auswander-Ziel:

Melbourne 1.10.2022

Wochenziel

Diese Woche konzentriere ich mich auf folgendes Thema:

- [x] Visum
- [ ] Mein "Warum"
- [ ] Ziel
- [ ] Motivation
- [ ] Erster Schritt
- [ ] Partner
- [ ] Finanzen
- [x] Arbeitssuche
- [ ] Gehalt

Eine Sache, die ich mir (bzgl. oben gewähltem Thema) als Wochenziel setze und diese Woche erledigen werde:

Bewerbung fertig machen

Visa besprechen

M D M D F S S **Datum:** 29.7

Diese Woche konzentriere ich mich auf folgendes Thema:

Mein Wochenziel lautet:

Bewerbung fertig und mind. 1 los senden

Eine Sache, die ich heute tue, um meinem Wochenziel näher zu kommen:

CV schreiben

- [x] Erfolgreich erledigt?

3 tolle Dinge, die heute passiert sind:

1. Strand
2. Waffel
3. Geburtstagsgeschenk

M D M D F S S **Datum:** 20.7.21

Diese Woche konzentriere ich mich auf folgendes Thema:

Bewerbung, Visa

Mein Wochenziel lautet:

Eine Sache, die ich heute tue, um meinem Wochenziel näher zu kommen:

☒ Erfolgreich erledigt?

halb

3 tolle Dinge, die heute passiert sind:

1. Buch
2. Bestellung
3.

M D M D F S S **Datum:**

Diese Woche konzentriere ich mich auf folgendes Thema:

Mein Wochenziel lautet:

Eine Sache, die ich heute tue, um meinem Wochenziel näher zu kommen:

☐ Erfolgreich erledigt?

3 tolle Dinge, die heute passiert sind:

1

2

3

M D M D F S S **Datum:**

Diese Woche konzentriere ich mich auf folgendes Thema:

Mein Wochenziel lautet:

Eine Sache, die ich heute tue, um meinem Wochenziel näher zu kommen:

☐ Erfolgreich erledigt?

3 tolle Dinge, die heute passiert sind:

1

2

3

M D M D F S S **Datum:**

Diese Woche konzentriere ich mich auf folgendes Thema:

Mein Wochenziel lautet:

Eine Sache, die ich heute tue, um meinem Wochenziel näher zu kommen:

☐ Erfolgreich erledigt?

3 tolle Dinge, die heute passiert sind:

1

2

3

M D M D F S S **Datum:**

Diese Woche konzentriere ich mich auf folgendes Thema:

Mein Wochenziel lautet:

Eine Sache, die ich heute tue, um meinem Wochenziel näher zu kommen:

☐ Erfolgreich erledigt?

3 tolle Dinge, die heute passiert sind:

1

2

3

M D M D F S S **Datum:**

Diese Woche konzentriere ich mich auf folgendes Thema:

Mein Wochenziel lautet:

Eine Sache, die ich heute tue, um meinem Wochenziel näher zu kommen:

☐ Erfolgreich erledigt?

3 tolle Dinge, die heute passiert sind:

1

2

3

Wochen-Planung

Auswander-Ziel

Mein konkretes Auswander-Ziel:

Wochenziel

Wochenziel von letzter Woche erreicht?

- [ ] Hell yeah!
- [ ] Nope.

Diese Woche konzentriere ich mich auf folgendes Thema:

- [ ] Visum
- [ ] Partner
- [ ] Mein "Warum"
- [ ] Finanzen
- [ ] Ziel
- [ ] Arbeitssuche
- [ ] Motivation
- [ ] Gehalt
- [ ] Erster Schritt

Eine Sache, die ich mir (bzgl. oben gewähltem Thema) als Wochenziel setze und diese Woche erledigen werde:

M D M D F S S **Datum:**

Diese Woche konzentriere ich mich auf folgendes Thema:

Mein Wochenziel lautet:

Eine Sache, die ich heute tue, um meinem Wochenziel näher zu kommen:

☐ Erfolgreich erledigt?

3 tolle Dinge, die heute passiert sind:

1

2

3

M D M D F S S **Datum:**

Diese Woche konzentriere ich mich auf folgendes Thema:

Mein Wochenziel lautet:

Eine Sache, die ich heute tue, um meinem Wochenziel näher zu kommen:

☐ Erfolgreich erledigt?

3 tolle Dinge, die heute passiert sind:

1

2

3

M D M D F S S **Datum:**

Diese Woche konzentriere ich mich auf folgendes Thema:

Mein Wochenziel lautet:

Eine Sache, die ich heute tue, um meinem Wochenziel näher zu kommen:

☐ Erfolgreich erledigt?

3 tolle Dinge, die heute passiert sind:

1

2

3

M D M D F S S **Datum:**

Diese Woche konzentriere ich mich auf folgendes Thema:

Mein Wochenziel lautet:

Eine Sache, die ich heute tue, um meinem Wochenziel näher zu kommen:

☐ Erfolgreich erledigt?

3 tolle Dinge, die heute passiert sind:

1

2

3

M D M D F S S **Datum:**

Diese Woche konzentriere ich mich auf folgendes Thema:

Mein Wochenziel lautet:

Eine Sache, die ich heute tue, um meinem Wochenziel näher zu kommen:

☐ Erfolgreich erledigt?

3 tolle Dinge, die heute passiert sind:

1

2

3

M D M D F S S **Datum:**

Diese Woche konzentriere ich mich auf folgendes Thema:

Mein Wochenziel lautet:

Eine Sache, die ich heute tue, um meinem Wochenziel näher zu kommen:

☐ Erfolgreich erledigt?

3 tolle Dinge, die heute passiert sind:

1

2

3

M D M D F S S **Datum:**

Diese Woche konzentriere ich mich auf folgendes Thema:

Mein Wochenziel lautet:

Eine Sache, die ich heute tue, um meinem Wochenziel näher zu kommen:

☐ Erfolgreich erledigt?

3 tolle Dinge, die heute passiert sind:

1

2

3

Wochen-Planung

Auswander-Ziel

Mein konkretes Auswander-Ziel:

Wochenziel

Wochenziel von letzter Woche erreicht?

- [ ] Hell yeah!
- [ ] Nope.

Diese Woche konzentriere ich mich auf folgendes Thema:

- [ ] Visum
- [ ] Partner
- [ ] Mein "Warum"
- [ ] Finanzen
- [ ] Ziel
- [ ] Arbeitssuche
- [ ] Motivation
- [ ] Gehalt
- [ ] Erster Schritt

Eine Sache, die ich mir (bzgl. oben gewähltem Thema) als Wochenziel setze und diese Woche erledigen werde:

M D M D F S S Datum:

Diese Woche konzentriere ich mich auf folgendes Thema:

Mein Wochenziel lautet:

Eine Sache, die ich heute tue, um meinem Wochenziel näher zu kommen:

- [ ] Erfolgreich erledigt?

3 tolle Dinge, die heute passiert sind:

1

2

3

M D M D F S S **Datum:**

Diese Woche konzentriere ich mich auf folgendes Thema:

Mein Wochenziel lautet:

Eine Sache, die ich heute tue, um meinem Wochenziel näher zu kommen:

☐ Erfolgreich erledigt?

3 tolle Dinge, die heute passiert sind:

1

2

3

M D M D F S S **Datum:**

Diese Woche konzentriere ich mich auf folgendes Thema:

Mein Wochenziel lautet:

Eine Sache, die ich heute tue, um meinem Wochenziel näher zu kommen:

☐ Erfolgreich erledigt?

3 tolle Dinge, die heute passiert sind:

1

2

3

M D M D F S S **Datum:**

Diese Woche konzentriere ich mich auf folgendes Thema:

Mein Wochenziel lautet:

Eine Sache, die ich heute tue, um meinem Wochenziel näher zu kommen:

☐ Erfolgreich erledigt?

3 tolle Dinge, die heute passiert sind:

1

2

3

M D M D F S S **Datum:**

Diese Woche konzentriere ich mich auf folgendes Thema:

Mein Wochenziel lautet:

Eine Sache, die ich heute tue, um meinem Wochenziel näher zu kommen:

☐ Erfolgreich erledigt?

3 tolle Dinge, die heute passiert sind:

1

2

3

M D M D F S S **Datum:**

Diese Woche konzentriere ich mich auf folgendes Thema:

Mein Wochenziel lautet:

Eine Sache, die ich heute tue, um meinem Wochenziel näher zu kommen:

☐ Erfolgreich erledigt?

3 tolle Dinge, die heute passiert sind:

1

2

3

M D M D F S S **Datum:**

Diese Woche konzentriere ich mich auf folgendes Thema:

Mein Wochenziel lautet:

Eine Sache, die ich heute tue, um meinem Wochenziel näher zu kommen:

☐ Erfolgreich erledigt?

3 tolle Dinge, die heute passiert sind:

1

2

3

Wochen-Planung

▭ Auswander-Ziel

Mein konkretes Auswander-Ziel:

▭ Wochenziel

Wochenziel von letzter Woche erreicht?

- ☐ Hell yeah!
- ☐ Nope.

Diese Woche konzentriere ich mich auf folgendes Thema:

- ☐ Visum
- ☐ Partner
- ☐ Mein "Warum"
- ☐ Finanzen
- ☐ Ziel
- ☐ Arbeitssuche
- ☐ Motivation
- ☐ Gehalt
- ☐ Erster Schritt

Eine Sache, die ich mir (bzgl. oben gewähltem Thema) als Wochenziel setze und diese Woche erledigen werde:

M D M D F S S **Datum:**

Diese Woche konzentriere ich mich auf folgendes Thema:

Mein Wochenziel lautet:

Eine Sache, die ich heute tue, um meinem Wochenziel näher zu kommen:

☐ Erfolgreich erledigt?

3 tolle Dinge, die heute passiert sind:

1

2

3

M D M D F S S **Datum:**

Diese Woche konzentriere ich mich auf folgendes Thema:

Mein Wochenziel lautet:

Eine Sache, die ich heute tue, um meinem Wochenziel näher zu kommen:

☐ Erfolgreich erledigt?

3 tolle Dinge, die heute passiert sind:

1

2

3

M D M D F S S Datum:

Diese Woche konzentriere ich mich auf folgendes Thema:

Mein Wochenziel lautet:

Eine Sache, die ich heute tue, um meinem Wochenziel näher zu kommen:

☐ Erfolgreich erledigt?

3 tolle Dinge, die heute passiert sind:

1

2

3

M D M D F S S **Datum:**

Diese Woche konzentriere ich mich auf folgendes Thema:

Mein Wochenziel lautet:

Eine Sache, die ich heute tue, um meinem Wochenziel näher zu kommen:

☐ Erfolgreich erledigt?

3 tolle Dinge, die heute passiert sind:

1

2

3

M D M D F S S **Datum:**

Diese Woche konzentriere ich mich auf folgendes Thema:

Mein Wochenziel lautet:

Eine Sache, die ich heute tue, um meinem Wochenziel näher zu kommen:

☐ Erfolgreich erledigt?

3 tolle Dinge, die heute passiert sind:

1

2

3

M D M D F S S **Datum:**

Diese Woche konzentriere ich mich auf folgendes Thema:

Mein Wochenziel lautet:

Eine Sache, die ich heute tue, um meinem Wochenziel näher zu kommen:

☐ Erfolgreich erledigt?

3 tolle Dinge, die heute passiert sind:

1

2

3

M D M D F S S **Datum:**

Diese Woche konzentriere ich mich auf folgendes Thema:

Mein Wochenziel lautet:

Eine Sache, die ich heute tue, um meinem Wochenziel näher zu kommen:

☐ Erfolgreich erledigt?

3 tolle Dinge, die heute passiert sind:

1

2

3

Weitere Bücher zum Thema “Australien”

Erhältlich auf Amazon

Erhältlich auf Amazon

Mit Hund oder Katze nach Australien

Schritt für Schritt Anleitung zum erfolgreichen Auswandern mit Hund oder Katze.

Haustiere gehören zur Familie. Deswegen könnte ich mir persönlich z.B. auch nur sehr schwer vorstellen, ohne meinen Hund auszuwandern. Australien hat allerdings sehr strenge Einfuhrvorschriften für Tiere. Deshalb habe ich euch in diesen kurzen Anleitungen ganz genau beschrieben, welche Vorbereitungsschritte ihr in welcher Reihenfolge abarbeiten müsst und worauf ihr generell achten solltet. Ebenfalls mit dabei sind Tipps für die Flug- und Quarantänebuchung.

Erhältlich auf Amazon

90 Tage Australien

Das Reisetagebuch für Schreibfaule. (nur 5 Minuten täglich)

Am Anfang meiner Travel and Work Reise in Australien hatte ich den Anspruch, alles so genau wie möglich in einem Tagebuch festzuhalten. Schließlich ging ich davon aus, dass ich während dem Reisen ja genug Zeit dafür haben sollte. Recht schnell bemerkte ich aber, dass es in Australien so viel zu sehen und zu erleben gab, dass ich gar nicht so oft Zeit fand, ausführlich darüber zu schreiben. Trotzdem wollte ich später unbedingt meine Reiseroute und ein paar meiner Erlebnisse noch nachvollziehen können. Daraus ist dieses Reisetagebuch entstanden, in dem man nicht zwanghaft jeden Tag seitenlange Texte schreiben muss, sondern bei dem 5 Minuten abends (oder morgens am nächsten Tag bei einer Tasse Kaffee) reichen, um das Wichtigste zu dokumentieren, um es nicht zu vergessen.

Erhältlich auf Amazon

Firmen in Australien für Developer.

Über 50 Firmen für Programmierer und Entwickler, die auf Jobsuche in Australien sind. Inklusive Erfahrungsbericht.

Ihr seid IT-ler (Programmierer) und auf Jobsuche in Australien? Dann könnte diese Liste an potentiellen Arbeitgebern in Australien für euch interessant sein und euch jede Menge Zeit sparen.

Printed in Poland
by Amazon Fulfillment
Poland Sp. z o.o., Wrocław

76500562R10092